仕事も人生も娯楽でいい

堀江貴文

宝島社新書

はじめに

〈誰でもできる仕事だからです〉

2017年10月、僕はツイッターでこう発言して炎上した。

きっかけは朝日新聞のネット記事。「『なんで保育士の給料は低いと思う?』低賃金で負の循環」にリアクションするかたちでつぶやいたのだ。

「保育士を見下している」「尊い仕事なのに」――。

とにかく叩かれまくった。

誤解を招く表現だったかもしれないが、僕の真意はまったく別のところにあった。

働きに見合わない報酬しかもらえないなら、そんな仕事はやめてしまえばいいのだ。我慢して働き続ける人がいる限り、労働環境や待遇は改善されない。需要と供給のバランスの話で、必要な人員が集まらなければ状況は変わる。

人生を変えるのは簡単だ。現状に縛られず、初めの一歩を踏み出せばいい。前進を妨げているのは、「リスク」ではない。「能力」でも「経験」でもない。そのように言い訳して行動しない自分自身だ。

僕は嫌なことは我慢しないし、自分が面白いと思うことしかしない。「仕事も人生も娯楽でいい」。その程度に考えていればちょうどいいのではないだろうか。

この本は過去の発言を1冊にまとめたものだ。ななめ読みでも構わない。パラパラと数ページめくれば、僕の思考や行動原理について、少なからず理解してもらえるはずだ。今回は、最近考えていることについて、第1章に新たに加筆している。

変わろうという意志を持ち、行動するのか、しないのか。それを決めるのはあくまでもあなた自身だ。

2018年5月　堀江貴文

本書は、2016年8月に小社より刊行した単行本『堀江貴文 人生を変える言葉』に書き下ろしを加え、再編集して新書化したものです。一部、改行位置などは変更しています。

目次

第2章　真の価値を見極めよう

第3章 仕事は、みな娯楽である

第4章　自分にできないことはしない

第5章 お金から自由になるために働こう

第6章 何も持たないあなたは最強

第7章 なんでも疑え

第8章 納得いかなきゃ闘い抜け

第9章 何も考えず、遊び尽くせ

カバー・表紙デザインフォーマット：坂川事務所
カバー・帯デザイン：ＭａｌｐｕＤｅｓｉｇｎ（清水良洋）
本文ＤＴＰ：株式会社 ユニオンワークス
編集協力：杉原光徳（ミドルマン）
河野嘉誠
制作協力：SNS media&consulting 株式会社

第1章　面白いと思うことをやろう

001

面白いと思うことをやろう

僕の行動原理はただ一つ。「自分が面白いと思うことをやる」ということだ。海外にも頻繁に行くけれど、仕事につなげたいといった打算的な動機はまったくない。人脈を広げたいと思って人に会うこともゼロで、単純に、楽しい人たちと、楽しい時間を過ごすだけだ。

だが、不思議なもので、自分が面白いと思うことを追求するうちに、ビジネスチャンスも見つかってしまう。とはいえ、人生でもっとも長い時間を費やす「働くこと」を充実させようとすれば、自分が面白いと思うことが仕事とつながるのは自然な流れだろう。

よく「堀江さんの人生の目的は何ですか？」と聞かれるが、そんなものは存在しない。とにかく自分が面白いと思うことをやりたい。ワクワクした毎日をとにかく積み重ねる。過去も未来も関係ない。とにかく今を楽しむだけだ。

002

ネガティブなことは考えない

「病気になったらどうしよう」「失敗したらどうしよう」——。多くの人は、考える必要のないことを考えて、不安になっている。そんな人たちを見ると、「貴重な時間をムダにしてどうするのか」と思ってしまう。

僕にも怖いものはある。「死」がそうだ。でも、死ぬことを考えて不安になっても、嫌な気持ちになって時間を浪費するだけだ。得することなんか1ミリもない。

ではどうすればいいのか。答えは単純で、考えなければいい。実際、僕は未来のことやネガティブなことは考えないようにしている。「逃げている」と言う人がいるかもしれないが、無駄なことから逃げて何が悪いのだろうか？

未来のことや、ネガティブなことを考えて、不安な気持ちになり、時間を浪費するのはもうやめにしよう。ただひたすらに、自分のやりたいことにトコトン取り組めばいい。そうすればあなたの道が自然と開けてくるはずだ。

003

コミュニケーションは、インプットがあるから面白い

　正直言って僕は講演会が好きじゃない。自分が話すアウトプットばかりで、相手からのインプットがなく、つまらないからだ。

　講演会に来てくれるお客さんには悪いが、「ｂｏｔでいいじゃん」と思うし、「僕の考えを知りたければ、本を読んでよ」とも言いたい。

　本のほうがよほど内容の密度は濃いし、人によっては早く読める。1時間も2時間も僕の話を聞いている必要もない。お客さんにとっても時間の効率がいいはずだ。

　講演会と比べて、対談は楽しい。自分たちが楽しく会話をしているのをみんなが聞いている感覚でやっている。僕にしてみればずっとインプットをしているのと同じで、知識もどんどん増えていくので、その時間はとても楽しい。

　メリットのないコミュニケーションの機会は、出来るだけ減らしていきたい。将来的には、自分の講演会に来るお客さんがゼロになればいいとさえ考えている。

004

炎上さえ自分の養分にできる

僕はツイッターでときたま炎上する。「狙ってやっているのですか？」と聞かれることもあるが、そんなヒマがあるはずがない。単純に言いたいことを言っているだけだ。先日は、こんな発言をしたところ、炎上した。

〈ヴィーガンとかまじ健康に悪いと思うよ。そして、うまい肉をたらふく食べるのが最高よ。劣悪な環境でそだった肉はマズイからね。〉

ヴィーガンとは、動物由来のものが含まれた食物を一切口にしない人たちのこと。発言の真意は単純だ。ヴィーガンの勝手な思い込みが政治的圧力となり、万が一肉食が禁止になったら、僕が困るし嫌だからだ。芽が小さいうちに摘んでおこうと考えたにすぎない。

炎上には、情報拡散力があるし、さまざまな問題提起をするうえでも効果は大きい。僕の発信力をさらに育てるための「養分」だというくらいに考えているのだ。

005

〝人生を変える魔法の言葉〟なんてない

時々、「堀江さんはどうしてストレスが溜まらないのですか?」と聞かれる。僕自身は一時的に落ち込んでも、友達とお酒を飲んで一晩眠ればすぐに忘れてしまう。質問者は〝とっておきの気分転換法〟を教えてもらいたいと期待しているのかもしれないが、そんなものは存在しない。

さらに言ってしまえば、〝人生を変える魔法の言葉〟なんてものも存在しない。意志を持って自分の根幹を変え、行動に移さなければ、人生は変わらない。

だから、僕は自己啓発書を読んだこともないし、読む人の気持ちもわからない。自分の本でさえ読み返すことは一切ない。それでも、役立つことが書いてあると自負している。〝人生を変える魔法の言葉〟はないが、変わろうという意志を持った人を勇気付け、参考にしてもらえるような考え方が散りばめられているからだ。

すべては行動あるのみ——。自力で最初の一歩を踏み出してほしい。

006

あなたのコンプレックスなど誰も気にしていない

「足が太い」「字が汚い」――。世の中を見渡してみると、気にする必要のないことを気にして落ち込んでいる人は多い。「こうでなくちゃ、ダメ」と勝手に思い込んで、コンプレックスをこじらせている人が目につく。

僕にもはるか昔にはいろいろなコンプレックスがあり、「女の子にモテないんじゃないか」などと、勝手に思い悩んでいたが、今考えると「何であんなことを悩んでいたんだろう」とバカらしくなってくる。

そういうレベルの悩みを、大人になっても抱え続けている人があまりに多すぎる。

そもそも、あなたのコンプレックスなんかに誰も興味を持っていない。そして、他人が気にするポイントは、案外、別のところにあったりする。

勝手な思い込みをこじらせるのではなく、時には客観的な視点を持ってみよう。その時点で、すでにあなたのコンプレックスの大半は解消されているかもしれない。

007

柔軟に思考する

人生に失敗はつきものだ。たとえば、「仮想通貨で1億円スった」とする。そんなとき、パニックになったってなんらメリットはない。

「1億円を溶かした」と思うから落ち込むのであって、「最初から1億円なんてなかったんだ」と考えたらどうだろうか？ 冷静に頭を切り替えて、一つ一つ、対処法を見つけていけばいい。そうすれば状況を打開できるはずだ。

僕が刑務所に入っていた頃もそうだった。「まだ1年9カ月もあるのか……」ではなくて、「あと1年9カ月で出られる！」という発想でいた。「刑務所にいることを考えれば、これから何があってもハッピーなことしかない」という確信もあった。

大事なのは、発想を転換し、今の状況に柔軟に自分を合わせる訓練をすること。それさえできれば、何が起きても大丈夫だし、どんな絶望的な状況のなかにあっても、急に視界が開けてくるだろう。

008

変化に適応する

変化というものは突然ではなく、徐々に起きるものだ。そして一瞬では終わらない。そこで「生き残れる人」がいるとすれば、それは状況に合わせてとっさの判断や行動ができる人だろう。

たとえば、株式の世界では、「暴落のときは損切りをせよ」というのが鉄則。半値になっているようなときにはとにかく売れと言われている。そのうえで、儲かるところへ投資すればいい。そうやって冷静に切り替えられる人は生き残るだろう。しかし、多くの人は、「~円損した」という考えにとらわれ、売れなくなる。そうしてさらなる暴落に巻き込まれ、より大きな痛手を負うケースが多い。

いかにして変化に対応するのか。株式を例にとったが、これは「働き方」や「仕事の選び方」にも当てはまる。大きな変化に対応するための特効薬など存在しない。柔軟に決断し行動するための訓練や知識を、普段から積み重ねておくべきだろう。

009

キレていい

あまり我慢をしない僕は、カーッと頭に血がのぼって、キレることもよくある。ただし、言いたい放題言えばスッキリして、それで気が済んでしまう。僕の怒りの感情は数時間で消えてなくなってしまうのだ。

自分の言いたいことをハッキリ言っているので、ストレスは溜まらない。もっとも、怒鳴られた相手は引きずってしまうこともあるだろうが、こっちは済んだこととしてほとんど忘れているので、後腐れはない。

言いたいことを我慢して付き合うよりも、本音で言い合える関係のほうが、お互いにとっていいのだ。

010

嫌なことは我慢しない

自分の仕事をつまらないと思いながら働き続けている人たちがいる。仕事を嫌々続けていれば、心はすさみ、社会に対する不満や、嫉妬の感情も出てくる。そういう人たちの存在が、社会に閉塞感を生んでいるのではないか。

仕事はほかにいくらでもあるのに、「給料が安くなる」「子供のため」などと勝手に思い込み、我慢を続けているのだろう。

だけど、「車はいらない」「家は賃貸でいい」などと発想の転換ができれば、給料は安くなっても楽しくクリエイティブな仕事をしたほうが満足度は高いし、ストレスも少ないはずだ。気持ちよく働く人が増えれば、社会の安定性も増すだろう。

我慢をする人が減れば、過酷でつまらない職場には労働者が集まらなくなる。ブラック企業は淘汰されるだろうし、人件費は見直されるはずだ。

悪循環を生み出すだけの我慢は、今すぐやめよう。

011

仕事は「食っていくため」にするものではない

ＡＩ（人工知能）の発達を受けて、最近、「10年後、どんな仕事だったら食っていけるのでしょうか？」という質問をよく受けるけれど、これほどナンセンスな考え方はない。というのも、すでに何もしなくても「食っていける」環境は整っているからだ。ウソだと思うなら日本国憲法を読んでみればいい。第25条で「健康で文化的な最低限度の生活を営む権利」が保障されているし、そのための社会保障制度もある。

さらに最近は、ブロガーやＹｏｕＴｕｂｅｒ、インスタグラマーなど「遊び」でお金を稼げる時代になってきている。一つのことに「没頭」さえしていれば、お金は後からついてくるのだ。

「食っていけるかどうか」という基準で職業を考えるのではなく、とにかく自分が没頭できることに全力で取り組もう。そういう人が増えれば、もっと楽しく、ワクワクする世の中になると確信している。

012

人のイメージは勝手につくられる

人のイメージは勝手につくられる。僕なんかは、〝ホリエモン〟像、という勝手なイメージがあちこちで一人歩きしている始末だ。

たとえば、ネオヒルズ族のような人たち。僕を「金を稼ぐことが一番」という価値観で生きる人たちの「教祖」のように見なしている。

高級外車に乗って女の子たちをはべらせるイメージのようだが、僕自身は物欲がほとんどない。そういう人たちに「ボクは堀江さんの弟子なんです！」なんて言われても、「ぜんぜん関係ないんだけど」というのが本音だ。「堀江さんの本を全部読んでます！」とか言いながら、僕の考え方を真逆にとらえている人も少なくない。

人は他人のイメージを勝手につくり上げていく。それぞれが「堀江さんはこういう人であってほしい」と思い込み、それを僕に当てはめているだけなのだ。

人は誤解されて当然。他人の評価など気にせず、自分を貫くことが大事だ。

013

「今」の行動が明日を変える

未来を決めるのは過去ではない。「今」、何をするかということだ。僕はライブドア社長時代に東京地検から強制捜査を受けた。その後の裁判では一貫して無罪を主張したが、2年6カ月の実刑判決となった。

裁判と有罪判決によって、30代の貴重な時間を失った、という思いがなかったわけではない。でも僕は決して引きずられなかった。服役中もメルマガは続けていた。それによって、発信力が増したし、ベストセラー書籍を連発する現在にもつながった。いつも「今」に集中してきたからこそ、現在のワクワクできる日々がある。

思い切って、過去ときっぱり決別してみたらいい。常に前向きな気持ちで、「今、この時」に集中して全力を尽くそう。その積み重ねだけが、あなたに素敵な未来をもたらすのだから。

014

行動力のあるバカは強い

チャンスを掴もうというとき、行動力のあるバカは強い。

小利口な人は、リスクばかりに目を奪われ挑戦できない。「先行きがわからない」「自分には技術がない」――。これで大きな成功を手にできるはずがない。

でも、行動力のあるバカは違う。みんながウジウジしている間に、「自分がやります！」と誰よりも早く手を上げ行動する。この積極性が、実は成功のカギなのだ。プロジェクトを絶対に成功させたいという情熱があれば、優秀な人や技術のある人は自然と周りに集まってくるし、助けてくれるだろう。

もっと言えば、リーダーはバカでもいい。成功を収めている社長には、走りながら考えるタイプの人が少なくないのだ。肝心なのは熱意と積極性、そして行動力だ。

〝積極バカ〟になってみよう。そうすれば、ぐっと生きやすくなるし、チャンスで満ちあふれた世界が見えてくるはずだ。

015

承認欲求なんて捨ててしまおう

「人から認められたい」という承認欲求を捨てれば、人生はずっとラクになる。他人の非難や嘲笑など、気にするだけ時間のムダだ。

半面、成功すれば、さまざまな人から賞賛を受けるようになる。しかし、真っ正面から受け取らないほうがいい。僕自身、さまざまな人から褒められることがあるけれど、大半は僕を一方的に誤解して褒めているだけだ。正直、「こいつ、わかってねーな」と思うことが多々あるし、そんな賞賛は嬉しくもなんともない。

喜びを感じるのは、価値観を共有できる「同志」に出会い、認め合えたとき。直接的に褒め合うことはないが、わかり合えたという嬉しさがある。

他人の評価はあてにならない。世間の常識に合わせようとするのではなく、自分の基準で生きよう。批判も賞賛も含めて、「自分が世間を振り回してやる」というくらいの気概を持っていれば、あなたも「同志」と出会えるはずだ。

016

行動しないことが一番のリスク

「失敗のリスクを考えると新しいことに挑戦できない」という人がいる。しかし、恐れていても何もメリットはない。自分で勝手に「できない理由」を考えているにすぎないのではないだろうか。

よく考えてみてほしい。行動しなければ、成功のチャンスすら掴めない。仮にビジネスで失敗したとしても、命まで落とすわけではない。実際、起業家のなかには、何度も失敗を積み重ねたが、最後には成功したというケースも多いのだ。

むしろ、現代のような変化の大きい社会では、行動しないことが一番のリスクだ。AIの発達で、今ある仕事が10年後には機械に代行されているかもしれない。

現状に甘んじて何もしないのか。それとも、変化を見据えて新しいことにチャレンジするのか。どちらを選ぶかはあなた次第だ。

第2章　真の価値を見極めよう

017

真の価値を見極めよう

私は東大を中退している。親からも卒業しろと口うるさく言われたが、東大を卒業することの価値は、実はそれほど必要ではないと判断したのだ。

東大の価値とは何か。

研究も自由にできないとすれば、入ることがいちばん重要なことで、卒業に関しては、それこそ行列に並んでいればだいたい問題なくできる。だとすれば、無形固定資産とも言える東大ブランドを獲得するための関門は、入学時点で越えているわけだから、わざわざ行列に並んで卒業することもない。

たしかに、「東大卒」という美味しい鯛焼きは買えないかもしれないけれど、そのために費やす労力と時間に見合った価値なんかないのだ。

018

才能があるかないかなんて、やってみないとわからない

結局、「自分は凡人だから」と言ってしまった時点で、「自分は今のままでいい」「努力したくない」と言っているようなものなのだ。

どうせ言うなら、せめて努力してから言うべきだと思う。

さらに言えば、才能なんて、やってみないと、自分にあるかないかなんてわからないのではないだろうか。

やりもしないで「自分には才能がない」と言って最初から諦めてしまう人が、どれだけいることか。

019

普通とは違うことを、あえてやってみる

成功者とされる一流の経営者の中には、意外と「今日、俺歩いて帰るから」と言う人が多い。多少効率が悪くても、いつもと違う時間を使えば、入ってくる情報の質が変わり、良質な刺激を得られることが彼らはわかっているのだ。

普通とは違うことを、あえてやってみる。

これは仕事でもなんでも、突破していくためには重要だ。

020

俺の中に「失敗」はない

失敗したことなんて、すぐ忘れる。だから俺の中で失敗じゃないんだよね。失敗とかっていうものはない。

021

到底無理と思える目標を持つ

目標は、到底できないだろうと思えるぐらい大きいほうが、より大きな自信となって返ってくる。そして、人間にできないなんてことは何一つない。

022

ハッタリも方便

ハッタリを言うこと自体は悪いことでもなんでもない。単純に、相手を信用させればいいだけのことだ。

もちろん過度につけ込みすぎては詐欺になってしまうこともあるわけだが、その基準なんてものも本当はない。結局、信用はそれほどあいまいにできていて、そのあいまいさが信用における価値を最も生み出す部分であり、重要な部分なのだ。そこを使わない手はない。

023

人と同じはいちばんの損

日本人は「行列マニア」である。並んでいる間、貴重な時間というものを浪費しているのに、それを浪費と思わない。でも、私は絶対に行列になど並びたくない。人と同じことをするのは、いちばん損をすることなのだ。人と違うことをするからこそ、超過利潤が生まれるのであって、同じことをしていたらいちばん高いものを買わされるだけである。

024

パンツは自分で買え

パンツは自分で買え。

2枚1000円で売っている、ユニクロのパンツでもいい。自分の身に着けるものを、自分の感性で選ぶという思考の機会を失ってはいけない。

ドン・キホーテに行けば、D&Gやアルマーニといった名だたる高級ブランドのパンツだって3000円程度で手に入る。君の収入からすれば、贅沢品に該当するだろうが、高級ブランドを身に着けることで、意識は確実に変わるだろう。たった3000円の投資効率としては悪くない。

025

世界の広さを知れば自殺はバカバカしくなる

たとえば、イジメを苦に自殺してしまう中高生がいる。結局それは、世界が家庭と教室の中にしかないからなのだ。そこで「世界ってもっと広いんだ」と考えられたら、全然違ってくるだろう。そこを見ることができないのは教育の問題でもあるし、やっぱりかわいそうに感じてしまう。彼らに、もっと広い世界があることを教えてあげれば、死ぬことがバカバカしいことだと思えるようになるはずだ。

026

あらゆるシーンで時間の最適化を

私はあらゆるシーンで時間の最適化をしている。

家では掃除も洗濯もしない。すべてハウスメイドにお願いしている。掃除も洗濯も、私にとっては何も生まないからだ。

スーパーにもほとんど買い物に行かない。買い物はほとんどインターネットでする。時間もかからないし、ポイントもたまる。

外出する際にも、小銭入れは持たない。その代わり、携帯電話に電子マネーを全種類入れてある。コンビニに行っても、電子マネーで支払いをすると、おつりをもらう時間がセーブできる。これはけっこう便利である。

都内を移動する際には、すべてタクシーに乗る。タクシーで時間がセーブできるし、乗っている間に携帯で電話もできるし、他の作業ができる。

027

大きな関門をつくり、越えろ

人間にできないことなんて何もない。
自分で大きな関門を設定し、それを越えろ。
そうすれば必ず大きな自信がつく。

028

満足したら思考が停まる

正直、僕ぐらいの知名度があれば、地方の講演会をこなして、1カ月100万円ほどのギャラをもらって充分に生活することはできる。どこかの会社のコンサルタントをしてもいいし、ブログを書いているだけでも、アフィリエイトなどでそこそこ収入は入ってくる。

でも、その程度の人生で満足したくない。

ここでいいやと満足したら、思考停止がはじまってしまう。

029

やりがいとは、自らの手で「つくる」ものだ

僕が（懲役中に）最初に与えられた仕事は、無地の紙袋をひたすら折っていく作業だった。

もしもこれが、マニュアル（前例）通りの折り方で50枚のノルマをこなすだけだったら、楽しいことなど一つもなかっただろう。いわゆる「与えられた仕事」だ。しかし、マニュアル通りにこなすのではなく、もっとうまくできる方法はないかと自分の頭で考える。仮説を立て、実践し、試行錯誤を繰り返す。そんな能動的なプロセスの中で、与えられた仕事は「つくり出す仕事」に変わっていくのだ。

仕事とは、誰かに与えられるものではない。紙袋折りのような単純作業でさえ、自らの手でつくっていくものなのである。

030

ノリのいい人と付き合おう

私の周りの人たちのノリの良さは、突き抜けている。

普通の人ならちょっと引いてしまうぐらいだろう。そのノリを私は共有できるし、ついてこられない人とは、たぶん仲良くはなれない。

突き抜けたノリの人に共通しているのは、昔話をしないことだ。

常に、今の瞬間を楽しみ尽くし、新しいことに目を向けている。

だから一緒にいると、新鮮な情報が入ってくるし、成長も促される。

031

万が一に備えて人間関係を豊かに

僕は生命保険をすすめませんが、個人で病気や怪我のリスクをヘッジする保険に入ること自体は否定しません。しかしその確率は20～40代では普段から適度な運動をし、定期的に健康診断を受けていればかなり低くなります。そして万が一のときに備えて家族や親族、友人に助けてもらえるように人間関係を豊かにしておくことのほうが大切です。

032

人は誤解する生き物

僕はライブドア事件以降、何事も積極的に自分から説明するようにした。「あなたのイメージしている堀江ではないのですよ。本当の意図はこうなのですよ」と。人は誤解をする。そこでマイナスの感情を生み出す。すると「ホリエモン」の虚像が巨大化して、僕への敵意が増大していくのだ。

丁寧な説明は、僕にとってはいらない手間ではあるんだけど、仕方ない。ある意味、大事な仕事の一つだと思って我慢するしかないだろう。

033

恐怖の大半は情報不足から来る

情報を持たなければ、人は恐怖にかられる。人間の恐怖の大半は、情報不足が原因だ。

新しい情報を獲得し続けていれば、不安や恐怖は克服できる。

会社の行く末も、老後も、怖くはない。

これから先の事態を怖がっているのは、情報弱者である証拠だ。

今すぐ情報のコックを最大限にひねって、頭から情報のシャワーを浴びてほしい。

そうすれば身体にまとわりついた、不安や恐怖は洗い流されていくだろう。

034

女の子の外見は、経済成長をはかる絶好のバロメーター

シンガポールへの国外からの投資は相次ぎ、都市部は現在も建設ラッシュに沸いている。風景の変化のスピードはすさまじい。

数年前、3年のブランクを空けて訪れた。わずか3年でこれだけ変わるの⁉と驚くほど再開発が進んでいた。特にリゾート海岸地帯、マリーナベイの周辺がすごかった。客船を模した屋上プールで世界的に知られるマリーナーベイサンズホテルをはじめ、街全体が富裕層のために整備されている印象だ。

いちばん目に見えて変わったのは女の子のルックス。3年前より格段に、かわいい子が増えた。ファッションもメイクも洗練されている。若い人の間で可処分所得が増えて、美容にお金をかけられる余裕が生まれたのだろう。

女の子の外見は、都市の経済の成熟ぶりをはかる絶好のバロメーターだ。豊かさに比例して女の子はかわいくなる、これは間違いない。

035

狭いコミュニティからの脱出

みんな、いじめは根絶できると思っているのだろうか？　人間社会にいじめはつきものだ。要はいじめを受け流したり、いじめから楽に逃げたり、自殺しないということができりゃいいわけで、それなら可能だ。まず、義務教育を根本から設計し直せばいい。狭いコミュニティの中にずっと閉じ込められるのが、いじめから逃げられない原因となっているからだ。集団生活なんて学ばなくても人は生きていけるし、協調性ったたって気の合わない奴と合わせようとしてもストレスのもとになるだけである。これは、ネットもスマホもない時代、知識を学ぶために仕方なくつくられた仕組みなのだ。今なら教育費補助の仕組みさえあれば、自由に民間企業に任せちゃえばよい。日替わりでいろいろなクラスで学べてもよいし、そもそも学校に通う必要もない。

036

日本の格差など微々たるもの

堀江　でも、ぶっちゃけ、今の日本は格差社会と呼べるような状態じゃないと思うんだけど。

西村　ヨハネスブルグ（南アフリカ）やタイ、インドとかに比べたら全然ですよね。

堀江　そう、世界に比べれば全然だよね。日本の過去を振り返ってみても、最も格差がないぐらいの状況だと思うんだけどな。

※西村……西村博之氏

037

国家の主権は、国民全体の「集合知」にある

この国は「主権在民」。国家の主権は国民にある。

しかし日本人の多くは、自分たちが国家の主だということが、どうも感覚的に理解しづらいようだ。ならば、こう考えればどうだろうか。

国家の主権は、国民全体の「集合知」にある、と。ツイッターのようなソーシャルメディアで統合されたみんなの「意識」が主権者＝主人なのだ、と。

政治家や官僚は、極論を言えば、ツイッターで導き出された「答え」を、粛々《しゅくしゅく》と遂行するだけの存在でいいのだ。彼らは公僕＝パブリック・サーバントである。サーバントとは、主人の命令に従う召使いという意味だ。ところが今の日本は、召使いが主人のケツの毛まで毟《むし》っている。それが日本をダメにしてきたのだ。

038

慣れることの怖さ

消費税というのは、上げればじきにみな慣れてしまうものなのだ。

缶ジュースだって、以前は100円だった。消費税の5パーセントを乗せるなら105円のはずだ。5円は自動販売機では扱いにくいという理由で、110円になったのだが、いつの間にか120円になってしまっている。実質20パーセントもアップしているのだ。なのに、今ではみな当たり前のこととして自動販売機で買っているのだ。

すごく高い買い物をすると、「そんなに消費税でとられるのか」と気になる。しかし、気になるのは最初だけで、そのうちになんとも思わなくなる。「まあいいか、みんなそうだし」という感覚なのだろう。

慣れれば、誰も税金のことなど気にならなくなってしまうものなのだ。

039

人間は想像力で未来をつくる

死がなくなる世界とか、精神が肉体から分離してコンピュータに再現されるという話も、実はすでにＳＦ作家が予言している世界である。これらが実現する日は、そう遠くないかもしれない。人間というものは、想像力で未来をつくっていく生き物なのだ。人間は、想像した物を実現する力があるのだ。

第3章　仕事は、みな娯楽である

040

仕事は、みな娯楽である

ネットビジネスは、いまだに世間からは正当な労働とはみなされていないようだ。ならば、娯楽でいい。遊んで儲けている、それでいいじゃないか。

そもそも仕事は、見ようによれば、みな娯楽なのだ。

「仕事は娯楽である」という意識を持てば、人生観も変わってくる。楽しく生きられるようになる。

つらく苦しい仕事を我慢して生きなくてもいい。

041

好きなことをしていれば、人は幸せでいられる

本当に大切なのは、好きなことで生きていくことだ。好きなことをしていれば、人は幸せでいられる。私の知っている〝好きなこと／楽しめることに邁進《まいしん》している人〟も、みんな一様に幸せそうな生活を過ごしている。

夢を叶《かな》えられる人間は一握りだと、挑戦することを最初から諦めてしまってはいけない。現代は技術革新により旧態依然とした成功とは違うカタチの成功が誕生し、それに伴い新しい働き方が増え続けてきている。

「〝好き＝遊び〟を仕事にする」ことは決して難しい時代ではない。

042

僕の役割は夢を見せること

僕は、夢を持つことが今いちばん大事だな、と思っている。夢が生まれない仕組みを改善することも、もちろん大事なんですけど、僕の役割はおそらく夢を見せることだろうと思っているんです。僕がいちばん得意で、根っからやりたくて、しかもみんなに対してもプラスになること。それは、そんなビッグな夢をいくつか用意して、実際に実現することだと思う。

043

1日10時間の睡眠時間を確保する

何度も集中力と書いているが、僕はこの集中力のために、1日10時間の睡眠時間を確保した。受験には「四当五落」、つまり4時間しか寝なければ合格するが5時間寝たら不合格、という言葉があったが、なんの冗談かという感じだ。

1日は24時間である。これは誰にでも平等だ。この24時間の中でどれだけ集中して勉強できるかが重要であって、睡眠はその集中には欠かせないもの。睡眠不足の朦朧とした頭で5時間勉強するよりも、クリアな状態で1時間やるほうがどれだけ効率的か。

044

生きていく程度の稼ぎなら、遊びの中から生み出せる

遊びを仕事にしてお金を稼げるのは、一部の才能ある人のみで、ほとんどの人は無理だという意見もあるだろう。たしかに何億円もの大金を稼いで富裕層になるのは一部かもしれない。だけど最低限、生きていくぐらいの稼ぎだったら充分に、遊びの中から生まれる時代になった。それを世の中の人には気づいてほしい。

045

酒食に金をケチってはいけない

ライブドアの社長になってからは、酒食にはお金を惜しみませんでした。僕はあまり物欲がないほうなのですが、食事に関しては日本料理から世界各国の料理まで最高のレストランで食べてきました。食は文化であり、歴史を知ることができます。

これらはのちに小説を書くのにも役立っていますし、まず日々の生活が豊かになります。同時に、酒食にお金を費やすことでいちばん得られるもの、幅広い人脈ができました。美味しい料理とお酒に囲まれると多くの人は上機嫌になり、普段得られないようなコミュニケーションがとれます。

そんなコミュニケーションから新しい発想が生まれ、ひいてはお金に結びつきます。すべてにお金をケチっては何も生まれません。

046

娯楽に使う借金は意味がない

ギャンブルは所詮お遊びであり、当たり前ですが、胴元《どうもと》が必ず儲かるようにできています。庶民は搾取されるのが時代の常で、借金をしてお金を賭けても長い目で見ればその額を返すことは叶いません。金融機関はそれをよく知っているので、目的のハッキリしないお金は消費者金融のような金利の高いところでないと貸してくれないのです。

ギャンブルに限らず娯楽に使う借金は意味がありません。借金はあくまでもその金利を払っても元がとれるような場合にのみ活用すべきなのです。

047

自分の望む働き方・生き方を

人によっては必要最低限だけ働いて、あとはバカンスや子育て、あるいはボランティアをするなど、さまざまな「働くスタイル」があっていいはずです。

自分でフリーターというライフスタイルを選択している若者が今もたくさんいます。夢を叶えるため、あるいは半年働き、半年海外を旅して回るなんて暮らしをしている人もいます。自ら望んだ働き方・生き方ならば、僕は世の中の道徳に縛られてあくせく働く必要などないと思います。

048

「リセットできる感覚」と「忘れる能力」

人間には「リセットできる感覚」と「忘れる能力」がある。

たとえば、おなかいっぱい食べて「もうこれ以上は食べたくない」と思っても、時間がたてば食欲はリセットされてまた食べたくなる。そして、おなかがすいているときに食べると、なんだって美味しい。眠くなったら寝ると気持ちがいい。セックスだって、すぐにしたくなる。飽きるということがない。

頭の中でうまく消去できる素晴らしい仕組みになっているのだ。しかも、少しずつ忘れてくれる。脳の仕組みは、本当にうまくできている。

049

多様な視点を持ってこそ人間

人生一度きりしかないんだから、もっといろいろなことをやろうと思うんですよ。一つの組織に何十年も勤める画一的な生き方が、僕は正しいとは思えない。何かイビツなものを感じていて。やっぱり多様な視点を持ってこそ人間だと思うので。

050

素晴らしい異性に出会うチャンスは無限にある

今よりも素晴らしい女性に出会える可能性は、絶対にゼロにはならない。
出会いは無限にあるのに、子どもがいないのに、どうして婚姻届を出したんだろう？

今持っている大事なもの、つまり、婚約者を手放すのは、リスキーな賭けだと思っているのかもしれない。しかし、その発想こそリスキーだ。
人生に無限にある快楽と幸福のチャンスを、自ら失っている。

051

働くこと＝「我慢すること」ではない

あなたは今、働くことを「何かを我慢すること」だと思っていないだろうか？

そして給料のことを「我慢と引き替えに受け取る対価」だと思っていないだろうか？

もしそうだとしたら、人生はねずみ色だ。我慢に我慢を重ね、耐え忍んだ対価としてお金を受け取っているのだから。仕事を嫌いになり、お金を色めがねで見てしまうのも当然だろう。人生の中で、仕事はもっとも多くの時間を投じるものの一つだ。そこを我慢の時間にしてしまうのは、どう考えても間違っている。

052

「兼業OK」の動きは大歓迎

ロート製薬で〝兼業〟がOKになった。立候補が必要で審査もあるらしいが、一歩前進することは素晴らしいことだ。多様性のある働き方を社員にさせることで優秀な社員のモチベーションを維持しつなぎ止めることもできるし、他社が真似しないうちは優秀な社員を採用するのにも役立つだろう。他の仕事をすることで客観性も身につくと思われる。

053

新しい出会いの場には必ず行くと「決めて」いる

新しい出会いの場に向かうとき、ワクワクする気持ちと同時に、「ああ面倒くさい」と思う自分もいるのだ。

だから、新しい出会いの場には必ず行くと「決めて」いる。決めたんだから、行く。これは新しいことをするときに共通するが、決めれば「やる」ものだ。

面倒くさいという気持ちが起こったとしてもそんなものは無視すればいい。場所に出向いて、自己紹介をして……というプロセスを進めていくうちに、いつの間にか面倒くさいという気持ちも忘れてしまっている。

たいていの出会いは楽しいものだ。そして、楽しいほうが大事なのだ。

054

プレゼントは価値より喜びを

高価なものを贈っても、お金持ちであれば、常にその上のものを持っているわけです。あなたにとって〝高級品〟でも、相手から見れば〝安物〟になる。

だからムリをして「価格」で勝負するのでなく、相手の話を聞き、趣味や趣向をよく観察し、「喜ぶもの」を的確についたほうがいい……。

やはり普段の会話から〝相手が欲しがるものを一生懸命に考えて、探り当てた成果〟が、人の気持ちをつかむわけです。

055

それぞれの人のそれぞれの宇宙

それぞれの人が、それぞれの宇宙を持っていて、その部分が面白いのだ。

056

結婚後も女の子と遊べ

できれば、結婚後も女の子とは遊び続けてほしい。

深入りするかどうかは別にして、ちゃんと浮気をしないとダメだ。女の子との恋愛には、服装とか美味しいお店を選ぶ試行錯誤が必要。もし結婚したというのが理由で恋愛をやめれば「好きな人に振り向いてもらう」という、あの手この手の思考が停止してしまうのだ。

モテる必要がない、という考え方はマズい。

君たちが最も忌み嫌う、オヤジへの第一歩だ。

057

相手をしゃぶり尽くせ

人と付き合うことは大事なことで、そこから得るものは大きい。

何が大きいかといえば、その人の持っている考えや知識、情報だ。そうしたものは、自分が気づきもしなかったような考え方から生まれていたりするので、刺激にもなる。

私は人と会えば、その人の持っている引き出しを端から開けて、どんどんと知識や情報をもらうようにしている。言ってみれば、相手をしゃぶり尽くすのだ。

058

面白い人は発信している

無名な面白い人に会う機会って、意外とあるんだよ、ネットの時代だから。メールとかやりとりしたり、相手がブログとかやっていたりすると、だいたいわかるじゃない。面白い人って何かしら発信をしているんだよ。たとえば、メールマガジン配信サービスの『まぐまぐ』をつくった大川（弘一）さんは、昔から知り合いだけど、当時は無名だった。もちろん、こっちも無名。でも、当時大川さんがつくったホームページに、「インターネットどこでもドア」っていう論文があってさ。それがすごく面白くて、京都まで会いに行ったんだよね。こういうふうに、インターネットで面白い人と知り合えるようになったのは、いいことだと思うんだ。

059

「新しいインフラ」を提供したい

要するに僕は、宇宙事業を通じて、人類の可能性を拡張する「新しいインフラ」を提供したいのだ。

そう、インターネット事業に取り組んだときとまったく同じだ。

新型ロケットを発明したいのではないし、自分一人で宇宙に行きたいのでもない。インフラを誰がどのように使おうと、大いに結構。そこで一緒にワクワクするような未来をつくっていきたいのである。仕事もお金も喜びも、それを独り占めしたところで心は満たされない。みんなとシェアするからこそ、ほんとうの幸せを実感できるのだ。

060

日本にカジノを

すでに日本の富裕層はマカオや韓国、そしてラスベガスなどのカジノに大金を持ち、足しげく通っています。これは、つまり彼らの負けたお金が外貨として流出していることを意味します。すべては日本に合法的なカジノがないためです。

それを阻止するためにも僕は日本にカジノをつくるべきだと思いますし、海外からのお客さんも呼べる沖縄のような理想的な場所がちゃんとあります。

061

インターネットで知の共有を

インターネットの最大の本質は「知の共有化」である。いわゆる「三人寄れば文《もん》殊《じゅ》の知恵」だ。

一部の天才を除き、人間一人の考え方ではイノベーションは起こらないけれども、複数人のディスカッションの中で生まれてくる新しい知の創造が、ものすごい勢いでイノベーションを推し進めていくのだ。インターネットとは、そのための場であり、道具なのである。

062

70億以上の宇宙と交わる

インターネットが登場するまで、人々は多くの時間をマスメディア、特にテレビからの一方向的な情報を受信することに費やしていた。しかし、そのコンテンツは、ごく一部の放送作家やプロデューサーなどの頭の中で考え出されたものだ。

ところが、インターネットにつながっているのは、約70億人以上の頭の中なのだ。もちろん、優秀な頭だけではないのかもしれないが、一人ひとりの頭の中には、それぞれの大きな宇宙がある。それを双方向で交わらせることによって、より大きな宇宙になっていくのだ。

第4章　自分にできないことはしない

063

自分にできないことはしない

自分に何ができないか、その部分はなんとなくわかるよ。だから、不得意なところは人に任せるのさ。でも、みんな真面目だから、そういうことができないんだよね。たとえば、本を書くとかと言ったら「全部自分で書けよ」みたいなことを言う人がいるよね。書くために貴重な時間を費やしたことが尊いみたいな。それがダメなんだよね。俺にとって、本を出すことの目的は、売り上げと自分の考え方を広めたいってことであって、「書くこと」じゃないんだよね。

064

「できない理由」を先に考えるな

突き抜けられる人と、そうでない人の違いは、次の一点に尽きる。物事を「できない理由」から考えるのか、それとも「できる理由」から考えるのか。それだけだ。突き抜けられるかどうかは能力の差ではなく、意識の差なのである。

もしあなたが「やりたいことが見つからない」と悩んでいるのなら、まずは「できっこない」という心のフタを外していこう。何事も「できる！」という前提に立って、そこから「できる理由」を考えていくのだ。

065

バランスを維持したまま、新しいことなどできるわけがない

バランスを維持したまま、新しいことなどできるわけがない。現状を変えることなく、物事のいいとこどりをしようというのは不可能というものだ。心躍る体験を味わおうとすれば、そのために費やす時間も必要になるし、失敗のリスクもある。物事はすべてトレードオフであり、例外はない。

066

安定を求めることはリスク

安定を求めることは、リスクだ。その場にとどまり続けることは、同じ状態でい続けることではなく、劣化していくということなのだ。

067

考えすぎてしまう人間は、いつもチャンスを逃す

せっかく知り合いになった彼／彼女を誘うにも、身構えてしまう。「食事に誘ったら図々しいと思われないか」「キモいと思われたら、どうしよう」。なんとかメッセージを送って誘っても、まだまだ悩む。相手が人気者だったり忙しかったりすれば、返事が来なかったり断られることもあるだろうが、「返事が来ないのは、嫌われているからでは」と、延々と悩み続ける。しかし、ここで「彼／彼女にうざがられているんじゃないか」「嫌われているんじゃないか」と思ったら、その時点で負けだ。たいていの場合は、たんに相手のスケジュールが埋まっているだけだったりする。もちろんストーカーのように粘着し続けるのは論外だが、ちょっと食事に誘ったくらいで、普通の人間はそこまで気分を害したりはしないものだ。いちいち悩んだりしないで、手を替え品を替え、相手が喜ぶようなことを考えて誘ってみればいい。それでもダメなら、縁がなかったということ。さっさと次に行くだけだ。

068

過ぎ去ったものに価値はない

人はなくなったものばかり意識してしまいがちだ。しかしなくなったものは、所詮は過去。過ぎ去ったものに価値はないし、取りもどすこともできない。時価換算上では価値ゼロだ。

今あるもの、使えるものが価値のすべて。失われた過去に、とらわれてはいけない。

ここにある、この瞬間だけが価値なのだ。

069

粘るよりスパッと諦める

多くの人は粘り強く、コツコツと努力することが好きだ。粘り強くやっていれば、いつかはうまくいくなどと考えるのだろうが、実際はそんなことはない。ダラダラと続けていても、成功の確率は低いままだ。

むしろスパッと諦めて、新しいことに力を尽くしたほうが成功の確率が高まる。

070

皮膚感覚で嫌なものは、絶対に断れ

あの場面で頭を下げなかったことで、僕は自分が築き上げた会社も社会的地位もごっそり失ってしまったわけだが、まったく後悔はしていない。

皮膚感覚で嫌だということを、受け入れてしまった後の後悔は、何億円稼いだって拭えるものではないだろう。

「大人になれ。後でいい思いをさせてやるから」という甘い誘惑で、オヤジたちは若者から「嫌」の感覚を奪っていく。これはとても危険な洗脳だと思う。

皮膚感覚で嫌なものは、絶対に断るべきだ。

複雑な時代を生きていても、そこだけはシンプルであるべきではないか。

071

死を恐れるのは、死について考えるからだ

どうしたら死への恐怖から逃れられるのか。

僕がこの答えを見つけたのはずっと後、もう大人になり、会社を立ち上げて忙しく働いていたときだ。ふと、2年ぐらいあのパニックが起こっていないと気がついた。

ああ、そういうことか。忙しくしていればいいのか。

死を恐れるのは、死について考えるからだ。考えなければ、恐れるも何もない。その頃は起きている時間のほとんどすべてを仕事に費やしていたので、僕の思考の中に死の恐怖が入り込む余地はなかった。

072

ネガティブなことを考える人は、ヒマなのだ

ヒマがあるから、そんなどうでもいいことを考えるのだ。

独房での僕も、消灯前後から就寝するまでの数時間は、とにかく苦痛だった。少しでも油断をすると死のことが頭をよぎり、あの発作を起こしそうになった。

もし、あなたがポジティブになりたいというのなら、やるべきことはシンプルである。うじうじ悩んでないで、働けばいい。「自分にはできないかもしれない」なんて躊躇《ちゅうちょ》しないで、目の前のチャンスに飛びつけばいい。

073

水が低きに流れるように、自然に身を任せる

僕が生きていくうえでの一つの信条のようなものだ。

どうも世間での僕は、欲しいと思ったものはどんな手を使ってでも手に入れる、強引、強欲な人間と思われているところがあるけれども、実のところ、僕の中にはそんな強固な意志や執着は存在しない。

大切だと思っているのは二つだけ。力を抜いて流れに身を任せること。そして目の前のことにひたすら熱中すること。そうしていれば人は、いつの間にか、自分が在るべき場所にたどり着くことになる。

074

プライドから得られるものはほとんどない

「失敗してバカだと思われたらどうしよう」「思ったことを口にして、相手から反撃されたらどうしよう」。そんなことばかり心配して、「プライド」という名の壁を自分の周りに高く築き、その中に引きこもることで、弱い自分を守ろうとする。言っておくが、そうしていて得られるものはほとんどない。

075

現状に対して愚痴をこぼすだけの人間は「オヤジ」

僕は、「満員電車はイヤだ」と言いながら、毎朝満員電車に揺られて通勤している人がこんなにもいることが信じられない。本当に満員電車がイヤなら、個人レベルでいくらでも改善する手段はある。満員電車に乗らなくてすむ一つの方法は、会社の近くに住むことだ。一般的に都心部の家賃は郊外に比べて高いが、朝から疲れた状態で仕事をするよりもはるかに生産性は高まるので、その分多く稼げばいい。高い家賃を負担できないのなら、シェアハウスに入居するという手もある。会社勤めをしているなら在宅勤務でできる仕事を増やしてもらえるように交渉したり、あるいはいっそ起業してしまうことだってできる。

満員電車に限らず、打てる手を探そうともせず、ただ現状に対する愚痴をこぼすだけの人間を僕は「オヤジ」と呼んでいる。中高年であってもオヤジでない人はいるし、二十代で早くもオヤジになっている人も多い。

076

みんな幻想の中で安心を得ようとしている

終身雇用制度のもとで同じ仕事をずっと定年までしていられて、その後は年金生活なんて、もう幻想以外の何物でもないでしょう。でも、まだみんなその幻想を求めて、幻想の中に生きることで安心を得ようとしている。

077

生みの親より育ての親

山崎豊子原作のドラマに『大地の子』というのがあるのね。中国残留孤児の主人公が、ラストのシーンで本当に血のつながっているお父さんに、日本で一緒に住もうと言われるわけ。でも、主人公は「僕は大地の子です。中国の大地の子なんです」と言って断るんだよ。これを見てもわかる通り、人間というのは血よりも他者との関係性のほうを本来は重要視するものだと思うのね。なのに、なんでそんなに血にこだわるのかなって。

078

貯金がないと不安なのは、自分に自信がないから

「貯金がないと不安だ」と思う人は多い。

なぜ不安なのか？

僕の答えは一つ。自分に自信がないからだ。

自信がないから将来の自分が不安になる。その不安を、貯金で穴埋めしようとする。根底にあるのは、カネさえあればどうにかなる、というお金への妄信だ。

もしも自分に自信を持っていたら、手元のお金は広い意味での「投資」に回すだろう。たとえば毎月3万円を貯金する人と、毎月3万円をなんらかの自己投資に充てている人と、どちらの将来に可能性を感じるかといえば後者だ。

貯金に励み、わが子や教え子たちにまで貯金を推奨する人たちは、面倒なことを考えたくないだけなのである。

079

自信がないから結婚制度にすがる

もし公的に結婚を認めてもらうことで精神的な安定を得たいというのであれば、それは実は結婚には向いていないと思います。そういうタイプの人ほど離婚する可能性が高いと僕は考えています。なぜなら、本人同士の結びつきに自信がない裏返しだからです。やはり経済的メリットが存分に生かせる人ほど、現在の結婚制度には向いていると思います。

女性とは長くて3年

共感してもらえるかはわかりませんが、僕の場合、どんな女の子でも長く付き合って3年です。それ以上長く、女性と恋愛関係を続けたことはありません。

どうしてかといえば、理由は簡単で、飽きちゃうんです。

不快かもしれませんが、仕方がありません。結局は恋愛関係である以上、セックスで興奮しない限り、その関係は維持できないわけです。

081

ヒステリックな女性は静かに傍観する

僕はこんなふうにヒステリックになる女性のことが理解できない。理解はできないけれど、母との経験があるので、あまりあたふたすることもない。ああ、また怒ってるわ、と思って静かに傍観しているだけで、説得したり慰めたりすることはあまりない。

082

人は忘れる生き物

フジテレビを買収しようとしたこととか、選挙に出て落選したこと、ライブドアが事件となって逮捕されたこと、やがてみんな忘れちゃうと思いますよ。記憶ってどんどん上書きされていくので、過去が忘れ去られるなら、これからどんどんいいことをしていって、その時々のいいことだけを憶えてもらっていけばいいやとも思ってるんです。

083

資格を持っていると、逆に資格に縛られる

これさえやっとけばいいという資格はない。まずは人間関係を常にリフレッシュできるようにコミュニケーションスキルを磨くということ。逆に資格があると、資格に縛られて、かえって選択肢を狭めてしまう。

084

日本の「外」と「中」を区別する意味は、すでにない

世界各地を旅して、僕は肌感覚で学んできた。もう国の「外」と「中」を区別する意味は、なくなろうとしているのだ。というか、もともとないのだけど。

おそらく、海外に出られない大人は、「ここなら安全」「ここで充分」「出ていくのは危ない」と無意識に考えているのだと思う。そうじゃない。

何を見たいのか、何が欲しいのか。何をやりたいのか。それをはっきりさせないと、いつまでも「外」と「中」の区切りは消えないだろう。逆に言うと、はっきりさせれば動き出すのは容易い。現実の「外」と「中」のハードルは、驚くほど低くなっている。行ける場所に限定はない。どこに行くのも可能なのに、どこにも行けないのだとしたら、とらわれているのは君自身だ。本当に「出ていく」には、世界は越えなくちゃいけない障害だらけだという、勝手な思い込みを解くことが大切だ。

085

規制緩和こそ産業振興の起爆剤

自動運転車というイノベーションを加速させるために、政府も民間企業も一丸となって動くのがアメリカの強さと言えるだろう。規制緩和によってもっと多くの企業が参入し、競争が激化することによって産業振興となる。

他の新興国も規制緩和をして産業振興をしてくるだろう。どちらも、国家間の競争であることをよく理解しているからこそ、こういう施策が打てるのである。

086

小さな政府と大きな福祉

私は「小さな政府」であるべきだと思うし、いっそのこと政府などなくなってもいいのではないかとすら思う。官はものすごくコンパクトにすべきである。しかし、小さな政府にすると、「大きな福祉」は実現できなくなってしまう。

だから、「政府は小さいけれども福祉を充実させるために、国民全員に等しく支給金を払い、あとは自分でなんとかしてもらう」という仕組みがいい。

087

通信簿の「協調性」欄は必要ない

小学校の通信簿に「協調性」とかっていう項目がある。ああいうの、やっぱりなくさなければいけないと思うんですよね。周囲と協調なんかせずに、中1のときからパソコンにハマリまくったからこそ、今の僕がいるわけじゃないですか。あのときハマッてなかったら、今の僕はない。

088

親族より近くの友達

西村 堀江さん、親戚付き合いってしてますか？

堀江 俺は親族より近くの友達派だからなぁ。だって10年に1回も会うか会わないかの親戚と、自分の友達や恋人のどちらかを選ぶとしたら、絶対に後者になるでしょ。

※西村……西村博之氏

第5章　お金から自由になるために働こう

089

お金から自由になるために働こう

お金を「もらう」だけの仕事を、お金を「稼ぐ」仕事に変えていこう。

儲けるために働くのではなく、お金から自由になるために働こう。

僕は20代の早い段階で、お金から自由になることができた。それはたくさんのお金を得たからではない。仕事に対する意識が変わり、働き方が変わったから、お金から自由になれたのだ。

090

借金をすることは決して悪いことではない

借金をすることは決して悪いことではない。むしろいい借金は進んでするべきだという考えを得たのだ。

お金を借りることができれば、明日にでも新しいパソコンが手に入る。「PC-88FR」を必要としているのは今の僕だ。1年かけて自分のお金が貯まるのを待つよりも、すぐに買える方法があるのであれば、そっちを選んだほうが合理的。1年早くパソコンを使えることになる。どちらにせよ新聞配達はしなくてはならないのだし。

嫌なことに費やす時間をなんとかして失《な》くすか、減らすかして、楽しい時間を少しでも増やすべきだ。人生には限りがあるのだから。

091

意欲のある若者に投資を

体の自由が利き、そして上昇志向を持ち、新しいビジネスを創造する意欲のある若者に投資をすることです。投資の方法はいくらでもあります。ベンチャー企業でもいいし、中国やインドなどの新興国に投資する手もあります。ポイントは自分がよく知る分野に投資をするということです。それは自分の親族でも構わないのです。斎藤佑樹《ゆうき》くんや石川遼《りょう》くんは、ご両親の〝投資〟が彼らの才能を開花させたとも言えます。自分の息子や娘の才能を見極め、投資をすることも重要なのです。

092

お金に対する過剰反応の理由

お化《ば》けはなぜ怖いのか?

それはお化けがよくわからないからです。よくわからないモノに対して人間は恐れを抱きます。その特性や真実を知らないがゆえの恐怖です。

お金に関しても同様です。金融工学など、経済に関する学問が高度に専門化した現代においても充分な知識を学んでいても、お金という言葉に過剰に反応する人たちは実に多いのです。

093

働いていれば、ひとりにならずにすむ

思えば僕は、ずっと前から知っていた。

働いていれば、ひとりにならずにすむ。

働いていれば、誰かとつながり、社会とつながることができる。

そして働いていれば、自分が生きていることを実感し、人としての尊厳を取りもどすことができるのだと。

だからこそ、僕の願いは「働きたい」だったのだ。

094

わからないことが、やらない理由にはならない

（起業の方法がわからないことについて）

新しい仕事を受けるときも同じだった。一度も触ったことのないソフト、知らないプログラム言語を使わなければいけないからといって、その仕事をできないと言うわけにはいかない。「できますよ！」と明るく言い放って、後から必死で猛勉強すればなんとかなるものなのだ。

095

つまらない人は職を失っていく

働き手の多くは、機械などオートメーションに取って代わられる。お金が安く、工夫のいらない単純な仕事は、機械が担っていくのだ。

そう遠くない未来、工場の工員や車の運転手はいなくなり、人気のないＹｏｕＴｕｂｅｒやＳＨＯＷＲＯＯＭの配信者たちは、淘汰《とうた》されていくはず。

096

安定が欲しいなら正社員になるな

安定するためには正社員になるのではなくダブルワークなどをするほうが安定しやすい。安定している人ほど起業したり投資家になったりしている。

097

ふわっとした人は何もできない

僕がＩｏＴと言ったらＩｏＴに飛びつくようなふわっとした人は、ふわっと飛びつくだけで何もできないんじゃないかな。

098

ニートこそ起業に向いている

「真面目に働いてきた人」は中途半端。私はこういう人を小利口と呼んでいる。ニートは、選択肢が起業しかないので背水の陣で頑張れるし、常識がないから一般人がやりそうにないことをやって、結果として成功するということ。はっきり言って、大多数と同じことをするのが起業の障害になることって多いんだよ。

099

常に行動と提案を

この時代に必要なのは、行動と提案だ。

上司や仲間と飲みに行って、なんとなく仕事を回していればＯＫな時代はとっくに終焉《しゅうえん》した。

とにかく、提案しろ。思考を続けろ。

最初はどんな提案も、若僧の絵空事と思われて、上司には冷たくあしらわれるかもしれない。

けれど、大丈夫だ。

自分の頭でものを考えている人の話は、いつか必ず誰かが耳を傾けてくれる。

逆に言うなら、自分の頭で考えている者を無視するような会社だったら、さっさと辞めてしまったほうがいいだろう。

100

自分を売り込む「営業力」を

商売とは「モノを売って利益を出すこと」だ。

そしてモノを売るためには営業しなければならない。当たり前のことだが、このことがわかっていない人は意外に多い。「いいモノをつくってさえいれば、人は集まってきて、モノが売れる」と本気で思ってしまっているのである。

仕事を通して信用を築くのも同じことだ。どんなにいい仕事ができる能力を持っていたとしても、その能力を売り込むことができなければ、何も価値は生み出せない。

だから、信用を得るためには、自分を売り込む「営業力」が不可欠なのだ。

IOI

名刺一つから工夫を

名刺というのは、初対面同士にとって最初の営業ツールである。名刺を渡すとき、まずはトークから始まる。細い名刺を渡すだけで、「どうして、このサイズの名刺なの?」と取引先の人に尋ねられて、話題ができる。「これは変わった名刺だね」という話から始まり、細い名刺にした経過に至った考え方自体が「ユニークだ」と評価されることだってある。

名前や会社名も覚えてもらえる。それで取引の話がスムーズにいき、まとまることだってあるのだ。

名刺など、いくらでも自由につくれるのだから、少し考えて工夫してみるといい。名刺一つから「ひと工夫できる会社」と思ってもらい、「面白いから、新しい発想が出てくるかもしれないなぁ。じゃ、仕事を頼んでみようか」というポジティブフィードバックがあるのだ。

102

農業は巨大な成長マーケット

平和的な外交関係を保ち、各国から分散して食料が輸入できる体制をとればいい。日本人が海外に出て農業することも支援すべきだと思います。農業ってこれからものすごい成長マーケットになると思うんです。なぜかというと、中国って平均年収がどんどん上がっている。食費も当然上がる。今まで月1000円だったのが5000円になれば5倍じゃないですか。そんな勢いで13億の中国人がどんどん食費におカネを使っていく。年に兆円単位でマーケットが拡大していくわけです。中国もインドもそうなるんだから、その巨大マーケットを狙うしかないですよ。

103

金持ちは相手の靴を見る

細かいことを言えば、髪の毛から、ピアスなどのアクセサリーなども気になりますが、特にお金持ちがよく見ているのが「靴」です。

実際、僕も女性が履いている靴は、よく見ています。センスや、どれくらい履き古しているかなど。

別に高いブランドの靴を身につけている必要はないんです。ミュールでも、ヒールでも、サンダルでも、なんだって構いません。

ただ、そのシチュエーションに合ったお洒落な格好をしているか、ということはいつも気にしているわけです。かわいくて、靴もお洒落だったら、それだけで「この子いいいな」と思う。ボロボロの靴だったら、それだけで幻滅してしまいます。

104

金持ちは多くの女性と出会える

つまり、普通のお金持ち男性は、たくさんの交友関係を持っているということ。それは同時に、女の子と出会う機会もたくさんあるということです。紹介されることも多いし、女性たちがたくさんいる場にも、出かける機会が多くなります。

105

スマホが隙間時間を〝価値ある時間〟に変える

そもそも「待ち時間」にスマホを眺めること自体、大事なことでもあるのだ。

知り合いとレストランで食事をしていてその人がちょっと席を外したら、今まではボーッとしているしかなかった。ところがスマホがあれば、その短い時間だけでもかなりのことをこなせる。情報を収集してもいいし、仕事の進捗状況を確かめて返信することもできる。

「スマホ依存」を問題視する人もいるが、重要なのはどうスマホを使うかだ。70億人が隙間時間を使って、これまでにできなかったことを行なえるようになる。それによって、ものすごい価値が生まれつつあることをもっと認識すべきだろう。

106

資格より合コン

今の日本には男女を問わず、履歴書に少しでも多くの資格を書いて有利に就職活動を進めようとしている人たちが大勢います。でも、そんな活動は結局、「安心」を得たいだけの自己満足です。

それならば、むしろ合コンのような飲み会のほうが、よっぽど良い投資だったりします。男性ならば、女性と会うだけの場だと思っては何も生まれません。会話の節々にアンテナを張ってみてください。彼女たちのライフスタイルを学ぶと、意外なビジネスの種《ネタ》が見つかったりするものです。

107

後追いで動くと損をする

今君たちに最も必要なのは、資金でも人脈でもない。情報だ。情報を所持するということは、未来を見ることだ。

僕は10年前から情報を人よりも多く所持するために、あらゆる手を尽くしていた。10年前には現在の電子書籍市場の活況を言い当てていた。すごいですね！ と驚かれることもあるけど、僕には当然のことだった。情報を知っているから、ある程度の未来を見通すことができる。だから失敗のリスクを最小限に減らせて、会社を大きく成長させられた。投資の面でも情報があるから、最適な投資ができた。

後追いで動いている人は、損をして当たり前だ。

108

M&Aへの拒否反応は単なる偏見

日本では現在でもまだ、M&Aという言葉にどこか拒否反応を示すような空気があるように思う。ここで僕が改めて言うのも馬鹿らしいくらい、それは単なる偏見である。

世界的に見れば、資本主義社会にとってM&Aは当たり前、いや不可欠な経営行為なのだ。

ビジネスにとって最も重要なこと、それはスピード。新しい事業を起こそうとしたとき、時間がかかってしまえばどんどん競争相手は増え、コストは嵩《かさ》み、失敗のリスクは雪だるま式に増えていく。

それならば、その分野で既に知識や経験を積んでいる会社を買収し、一緒になってその分野に乗り込んでいくというのがいちばん簡単な理屈だ。

109

お金も進化している

所詮、お金というのは経済を回していくための道具にすぎません。

今後、さらに紙幣や硬貨は電子マネー化し、どんどん便利に、同時に実体がなかなかつかめない道具になっていくでしょう。

お金そのものも進化しているのです。だから、使う人間も知識で武装し、便利な道具として使いこなしていけばいいのです。

110

キャバ嬢は経済を活気づける

いいじゃん。だって、キャバ嬢とかに金を回したほうがいいでしょ?

キャバ嬢がお金を使うサイクルって、めちゃくちゃ経済を活気あるものにするじゃない。ホストにかけるか、バッグ買うか服買うか。あとは、旅行行くみたいな。

もう、本当にキレイになくなるまで、彼女たちはお金を使ってくれるじゃない。

III

働けない人を守る社会を

高卒のゆとり世代が、今、ちょうど派遣切りにあっているのだ。企業から見れば、競争力のない使えない人間はおいてはおけないということだろう。

ここまで来たら、やはりもう社会のあり方を変えるしかないと思う。無理やり働きたくない、働けない人を働かせる社会をつくるよりは、そういう人には働かなくてもいい社会をつくって、遊んでもらっていてもいいのかもしれないと思う。そして、社会がその人たちをある程度保護する仕組みをつくるのだ。

第6章　何も持たないあなたは最強

112

何も持たないあなたは最強

そもそもあなたはリスクを恐れるほど、何かを持っているの？　ないでしょ。持たざる者が何を怖がる必要があるのだ。

仕事も人生も娯楽でいい

113

小さな成功体験を積み重ねること

ヒッチハイクによる小さな成功体験を積み重ねることで、僕はコンプレックスだらけの自分に自信を持てるようになっていった。

もう見知らぬ人に声をかけるのも怖くない。交渉だって、うまくできる。自分の殻を打ち破ったという、たしかな手応えがあった。僕が起業後にも臆《おく》することなく営業をかけていくことができたのは、このヒッチハイクの経験があったからこそなのだ。

114

経験は、貯金よりもはるかに役に立つ

新しいことに次々にチャレンジして、経験を積んでいこう。そうすれば正体のない恐怖心や批判に対する、耐性ができてくる。

経験こそが、社会人の最強のアイテムだ。

資格や貯金なんかより、はるかに役に立つ。

「人からどう思われたって、別に大したことじゃないよね」という耐性を持った人は、どこに行っても強い。ハートの強さというか、わが道を平気で進める耐性は、経験がつけてくれるのだ。

115

スタートは早いほどいい

もし僕が東京に住んでいたら、アスキーとかでバイトしていたと思うんです。で、アスキーの西和彦《にしかずひこ》さん（元マイクロソフト副社長、ビル・ゲイツのパートナー）とか成毛眞《なるけまこと》さんとか古川享《ふるかわすすむ》さんに会って、高校生くらいで会社をつくっていたと思います。そのほうが良かったと思いますよ、3年早くできたんだから。

116

「折れる」のは成果を自ら手放すこと

私が人と少しだけ違うところがあるとすれば、「折れない」ことだ。

少年時代は普通の田舎で育ち、普通の小学校に通っていた。世間的な殻に閉じ込められていた。そして意味のわからない、我慢を強いられてきた。

多くの人はそこで、折れてしまう。抵抗するのは疲れる。言われた通りのことをやっているほうが楽だからだ。

今、さまざまな事情で「折れる」かどうか迷っている人は、獲得できるはずの成果を、自ら手放そうとしているのだと気づいてほしい。

117

地の不利を言い訳にするな

たまに「地方に住んでいるから、情報が遅い」みたいなグチを言う人がいる。たしかにインターネットやメディアが発達したとはいえ、今でも東京と地方では、情報の差が当然ある。だから、地方にいたら不利に決まっている。

だとしたら、情報を素早く得るために、東京に来ればいい。それもせずに、情報が遅いと言っていても、それは怠慢でしかない。

118

ベストの決断は痛みを伴う

良薬口に苦《にが》し。ベストの決断は、たいてい痛みを伴う。心情的には腹が立ってしようがない。しかし、感情を排して合理性から導かれた決断は、結果的に最大多数の幸福につながっていく。

119

自由とは、心の問題だ

刑務所生活で得た気づき、それは「自由とは、心の問題なのだ」ということである。

塀の中にいても、僕は自由だった。外に出ることはもちろん、女の子と遊ぶことも、お酒を飲むことも、消灯時間を選ぶことさえできなかったが、僕の頭の中、つまり思考にまでは誰も手を出すことはできなかった。

だから僕は、ひたすら考えた。自分のこと、仕事のこと、生きるということ、そして出所後のプラン。思考に没頭している限り、僕は自由だったのだ。

120

成長したいなら、一流の人に会おうとするな

「一流の人に会いたい」と言う人はたくさんいるけど、そういう人は会うだけで満足しちゃう。むしろ、一流の人に、会いたいと思われるような自分になるのが近道だと思う。これまで、「堀江さん一緒に写真撮ってください」と言ってきた人で一流になった人はいない。

121

損切りは勇気

もしうまくいかないようであれば、「せっかくここまで努力したのに」と思うよりは、「まあダメだったんだな」と考える程度で、次を考えて行動するようにしている。

損切りのコツは、とにかく勇気を出すことだ。どの段階にきたら、やめたほうがいいのか、自分ではっきりと意識しておくべきだろう。

122

自信は女も引き寄せる

私が考えているのは、持っているお金が大事なのではなく、お金を稼ぐプロセスによって得られる自信によって、女性を口説くこともできるということなのだ。

つまり自信を持って女の子を口説いた結果、イケメンでなくてもモテモテということだ。

仕事で成功体験を得て、自信をつければつけるほど、信用を築くことができ、さらに、その自信を使って、女の子も口説くことができるようになるのだ。

123

忙しくなれ

不安に対するいちばんの解決策は、とにかく忙しくなること。

124

物事の仕組みを自分の頭で考える

車を買うにしても、私は基本的に中古車しか買わないようにしている。車というのは、一度乗っただけで、3割価値が下がるといわれている。それほど新車と中古車の価格は違うのだ。だったら、中古車でいい。中古車だってローンは組めるし、ずっと得である。

新車にこだわる人は、「他人がちょっとでも乗った車は嫌なんだ」と言う。しかし、その人だってタクシーに乗るだろう。電車に乗ったら、いっぱい人が乗っているではないか。なぜ、マイカーだけは「自分だけのもの」でないといけないのか。

車一つをとってみても、自分の「論理的思考能力」で考えたほうがいい。一つひとつのことの仕組みを自分の頭でしっかり考えることが大切だ。

125

自己投資ではエグジットを想定する

将来につながる効率的な自己投資とは、どんなものか考えてみましょう。

具体的な例を挙げる前に絶対に考えなければいけないこと、それは明確な自己投資のエグジット（出口）を想定することです。投資家は投資をした会社が上場してキャピタルゲイン（利益）を得るのか、あるいはバイアウト（買い占め）してやはりキャピタルゲインを得るのか、それとも継続して大きな利益を出す会社に成長させて配当を得るのか、そうしたエグジットを考えて投資をするのが常識です。

同じように、自己投資も最初に自分を投資対象に見立てる必要があります。どんなスキルを身につけ、それをどのように生かすのか。鉄の意志を持つ人以外、そこまで考えて投資しなければモチベーションは維持できないでしょう。

126

「言いなりパターン」に陥るな

今、多くの人たちが自己投資しているケースを見ると、言われるがままのプランを何も考えずに実行しているケースが多いように感じます。

先生が自分を理想の地へと誘導してくれるという受動的な考え方なのでしょう。これは日本の教育システムのあり方と一致します。子どもの頃から従順に先生の言うことを聞くのが正しいと教えられているがゆえ、大人になって自己投資する場合でもお金は出しても口を出さない、いわば「言いなりパターン」になっているのです。

でも、自己投資するにあたって、それでは成果が出にくいとボクは考えます。

127

便利なデバイスを使いこなす能力は必要

スマートウォッチの普及を受けて、京大入試で時計の使用が禁止になった。そもそもスマートウォッチ、というかウェアラブルデバイスがこれからもっと生活に根ざしていくのに、こんなことを禁止している時点で京大の度量の狭さが目につく。これから必要とされる能力はこういった便利なデバイスを使いこなしつつ高度な研究などをできる人材なのではないだろうか。

128

徹底した準備が恐怖を打ち消す

恐怖を取り払うのは思考しかない。

ビジネスをはじめるにあたっての事前情報が足りているか？ 市場の現況、仕入れルート、商品の知識、損益分岐など、徹底的に考え抜いているか？ 自分のキャパシティの中で、いかにして稼ぎを生み出すか、思考に思考を重ねているだろうか？

これ以上、手は尽くせないというところまで準備できているのなら、恐怖感は薄れていくだろう。

129

人は一回では理解しない

ライブドアの社長をやっていた頃に、部下を叱ることがあって、そのときも、「なんでコイツはこんなに理解力が低いんだ」「なぜ一回言ったことを忘れてんだ」と思うことが何度もあったんです。で、途中で気づいたんですよ。〝人って重要なことは何回も何回も繰り返して言われなきゃ理解ができないんだ〟と。

130

意図的に「ノイズ」を取り入れる

これは、Ｔｗｉｔｔｅｒで自分と意見の異なる人をフォローしたり、意見の合わない人の雑誌コラムを読むといったことを指す。当然、こうした人々の意見を読んでいると腹は立つが、自分の中にある偏見を修正できる効果がある。

131

人への説明で論理力が伸びる

人に説明する機会が多いと物事をロジカルに考える癖がつく。毎日ブログを書くとか、Ｔｗｉｔｔｅｒで論争するとかね。

132

ブログ執筆は問題の消化作業

僕がブログを書くのは、自分の中でその問題を消化するための作業なんです。ただスクラップブックに新聞記事を貼り付けたって、理解には全然つながらない。

みんなの意見を聞き、自分の中に取り込んで消化し、自分のものにしていかないと。ニュースとか記事とか大量の情報を知って、いろいろな方面に詳しくなると、時間を先どりするというか、相対的な未来を知ることができる。

133

能力の高い人は他を支えるべき

これからは、能力の高い人がそれ以外の人たちを支えていく社会になっていくべきなのではないか。できる子や個性のある子をどんどん伸ばしていって、社会を支えられるエリートをたくさんつくったほうがいいだろう。

逆に、そうしないと社会が成立しないのではないかと思う。どこかにひずみが生まれてしまうだろう。

134

すべてが「トライアンドエラー」なのだ

「○○がやりたいのですが、やり方がわかりません。どうしたらいいでしょうか？」という質問もよくいただく。

僕はそもそも「やり方」なんてものはなくて、すべてが「トライアンドエラー」なのだと思っている。

ビジネスで成功するためには、思いつく限りのことを次々とやってみるしかない。僕もビジネスとして小さなアイデアを次々に試し、うまくいくものだけを残すようにしていた。「トライアンドエラー」の繰り返しのうえ、いくつかの事業が当たった。

結局、やり方とかセンスではなく「トライアンドエラーをどれだけ続けるか」ということだと思うのだ。

第7章　なんでも疑え

135

なんでも疑え

とにかくなんでも疑ってかかることだ。

基本的に何に対しても疑問を持てばいい。常識を疑って考えてみる習慣をつけることが大事なのだ。

そうすると、常識と思われていることは、意外と不合理なものも多いことに気づく。

136

安定を保つのは難しいと心得る

物事というのは、安定している状態を保つことがいちばん難しい。

たとえば、コップの中の氷は、いつかは溶ける。固形の氷の状態にとどめておけず、その形を残しておくためには、冷凍庫に入れるしかない。つまり、同じ状態をとどめるためには、ものすごくエネルギーが必要だということだ。

人生も同じで、普段からそう考えているべきなのである。

137

親の言う通りにするな

周りを見渡して、「親の言う通りにして良かった」という成功者を、私は一人も知らない。

138

謙虚にしてもいいことはない

すでに時代は移り変わっている。謙虚にすることによって得られるメリットなんて何もない。

元来、謙虚にする目的は、みんなが共に生きていくための意識だったはずなのに、本来の目的から外れて、この道徳を守ること自体が自己目的化してしまっている。

今では、そういった道徳・倫理観を破ることに対するタブーしか残っていない。

それゆえ、私のように謙虚ではない人間を見ると、ただそれだけで嫌悪感を抱くことになるのだ。

なぜ謙虚にしなくてはいけないのだろうか？

その理由を明確に説明できる人なんていないだろう。

139

苦手意識で将来を決めようとする馬鹿

「文系」「理系」を選ぶことによって、人生の舵を切ろうとしている奴がいることも意味不明だ。

法律家になりたいから文系、科学者になりたいから理系というのならまだわかる。数学が苦手だから文系かな、みたいな単純な苦手意識で将来を決めようとしている馬鹿が多すぎることに愕然《がくぜん》とした。

140

ぶっちゃけ小遣い制とかどんだけMなんだよ

小遣いという言葉が貧乏くさくて嫌い。上限なく使えるのが理想。お金を使わず、やりたいことも我慢していて、豊かな生活を送れるはずがない。

141

ピンチを平然と受け入れろ

ピンチなんてものは言ってみれば、川の流れに身を任せていたら、滝があってそこに落ちていっているようなものだ。滝から落ちている最中に、「どうしよう」と考えても何も手の施しようがない。ただ、そのまま落ちていくしかない。落ちるところまで落ちていけば、後のことはどうにかなる。

結局は、そうしたピンチのときに狼狽《ろうばい》しないことが大切で、「これは当たり前なんだ」と思えるかどうか。安定している状態こそ、不自然だと思わないといけないのだ。

142

お金がなくても贅沢はできる

私も大学時代はお金がない時期が多かった。2週間で1000円ぐらいしかないときもあったが、それでも特に貧しいなどと、考えてはいなかった。

先輩におごってもらって普通に食事もできたことだって信用があったからだと言えるし、お好み焼きであれば1000円で2週間分の材料がそろえられるので、よくつくって食べていた。

お金がなくても、創意工夫をすれば贅沢《ぜいたく》だってできるし、自信を持つこともできる。だからお金に意味なんてあまりない。

143

財布は落としても構わない

財布落としてお金なくなるのは嫌じゃないよ。そんなん別にどうでもいいよ。取り返しがつくしさ。現金なんかせいぜい5、6万円しか持ち歩かないし、カードは止めればいいわけだし。まぁ、俺のカードを拾って使うヤツは、あんまりいないだろうけど。

144

保守思考は大損を招く

これからの時代、今まで当たり前だった保守的な家族の形は急速に変化していきます。何も考えずに結婚して子どもを何人もつくり、車を買って家を買って生命保険に加入して教育にお金をかけて……とこれまでと同じようにやっていては知らぬ間に大損をしてしまうでしょう。

思考停止がいちばんラクですが、それでは変わり続ける世の中に翻弄《ほんろう》されるだけです。ゼロベースで発想を転換し、充実した人生プランを持って家族の形から見直してみる必要があると僕は考えています。

145

「持ち家＝幸せ」は本当か

高度成長期に多摩《たま》ニュータウンなどの郊外型の住居が大量に開発されましたが、高齢化が進み、ゴーストタウン化しようとしています。豊洲《とよす》など再開発地域にどんどん高層マンションができ、都心回帰《かいき》現象が起きている時代に、わざわざ通勤に不便な場所に居《きょ》を構えたがる人は少ないでしょう。逆に言えば、一度家を買ったらそこからなかなか動けなくなってしまう。今のように変化の激しい時代においては、「持ち家＝幸せ」という既存の価値観だけでは対応し切れなくなっています。

146

安月給に疑問を持て

若いときには安い給料でこき使われるのだ。明らかに損である。なぜ、そのことに疑問を持たないのかが、今でも私には理解できない。

「周りがみんなやっているから」というだけ。周りに流されているだけなのだ。なぜ、自分で考えないのだろう。私は一つひとつ、こだわりを持って考えてきた。常に仕組みを考えて、納得したうえでいろいろなことをする。考えたほうが得なのだ。

147

ネクタイはちょんまげと一緒

江戸時代のちょんまげって、あれ、明らかにおかしいじゃないですか（笑）。なんであんな髪形をする必要性があるんだって。ネクタイもそれと同じことですよね。あるいは中国の清朝時代の弁髪《べんぱつ》とか纏足《てんそく》。「おかしいでしょう、それ！」って（笑）。今、ちょんまげにしろとか、弁髪にしろって言われたら誰だってイヤでしょう。同じ理由で僕はネクタイやスーツなんかイヤだもん。

148

人から聞いた印象を信じるな

人に対する情報は、フェイス・トゥ・フェイスでやるのが基本である。情報は、現場でとるのが基本。特に、人に対してはそうである。自分が相手と会って、話して初めて相手のことがわかるのだ。

人から聞いた印象を信じてはいけない。フェイス・トゥ・フェイスで意見交換しない限りは、やはり断定的な表現は避けるべきだろう。

149

他人がやっているからと安心するな

起業で一つ、失敗するパターンを教えよう。

他人がやっていることに、〝安心〟することだ。

「この事業は○○さんが当てているからイケる！」と思うと、危ない。自分の思考でビジネスを進めるのではなく、成功例をなぞりはじめる。だけど時代も市場も常に変動しているから、たいてい失敗へと転落していくのだ。

スタートは模倣でもいいけれど。

自分の思考を止める危険があるから、安心は捨てるべきということだ。

150

不動産に本質的な価値はない

不動産なんて、あくまで不動の財産であって、あんなものの値段が上がろうが下がろうが基本的にゼロサムゲームでしょ。そこに本質的な価値はない。そんなものの値段の上下に喜んでディールすることに社会的意義はないと僕は思ってるんです。

ＦＸ（外国為替証拠金取引）の業者みたいなもんですよ。

151

成り上がりは批判され、金満一家は嫉妬されない

堀江 若くしてお金時ちになった人を見て「俺も、ああなれる」と思うのか、「むかつく」と思うのか、どっちかという話。成り上がった人がむかつく対象になる。昔からの金持ちってあんまり嫉妬されないんだよね。

西村 本来、堀江さんは自分の力量で稼いだわけだから、それは賞賛されるべきなんですよね。代々金持ちの人は、何もしなくても親の遺産でお金持ちになっているわけだから、どちらかというと、そっちのほうが卑怯な気がする。

堀江 それは非常に的を射た意見だと思う。だから、相続税を100パーセントにしてみたら、いいんじゃないのかな? 少なくとも生まれた瞬間は平等になるし。

※西村……西村博之氏

152

日本の採用制度はヘン

そもそも1年に1回しか採用しないというのは変な制度だ。だから就職活動なんていう不思議なイベントが行なわれるのである。アルバイトなどの形で企業を体験して、そのまま就職してしまえばいいのに……。

153

就職は本当に正解か

同級生たちが次々と就職していくなか、東大の卒業生の初任給が高給とりのマスコミでもせいぜい30万円に届くかどうかという事実を知って（ある程度は想像していたものの）、愕然《がくぜん》としてしまいました。もともと就職する気はゼロだったのですが（親がサラリーマンで薄給だったため）、「こりゃ就職したら損だな」ということでさらに意欲が失せて就職活動をまったく行ないませんでした。すでにアルバイトでそれ以上の収入を確保していた僕は就職する意味を見出《みいだ》せなかったのです。

154

学校で協調性は学べない

学校では協調性を学べるとかいわれているけど、学べないと思うよ。だって、俺、いまだに協調性ないもん。社会を学べるといっても、所詮は小学生の社会であって、実社会とは違うわけだしね。

155

リッチな環境はリッチな人材を生む

今は周りに知識の豊富な人たちがたくさんいて、日々私を刺激してくれる。しかし、子どもの頃には知識欲が満たされることがまったくなく、ずっと不満だった。しばしば、子ども時代に苦労をしたり、環境があまり良くないと大人になってハングリー精神で頑張るものだ、などと言う。しかし、絶対にそうではないと思う。知識というものは、リッチな環境にいたらよりリッチになる。

子ども時代はもっといい環境であってほしかった。私をもっといい環境に置いてくれれば良かったのに、と今でも思う。これは運命だから、仕方がないことなのだが。

156

教育者の考えは常に古い

子どもの頃の教育は、先生や親がするものだ。ところが、実は先生や親は彼らを教育した人の思想を受け継いでいる。そのため、時代からワンクール古いのだ。常々私は「先生の言うことは信じるな」と言っている。それは単純に考え方が古いからだ。

157

日本人は「貧しくなった」という自覚を

日本の一人当たりGDPが、香港・イスラエルに抜かれた。日本人の考えていた「先進国で経済大国な日本」像は完全に過去のものとなったのだ。世界各国に行った実感からすると、日本の長期デフレや円安の影響もあり、日本の物価はかなり安く感じられる。インバウンド観光が伸びているのは他の国のほうが豊かになってきたからという面も大きいだろう。この傾向は当面止まらないと思う。日本人は、自分たちは世界各国と比較して貧しくなりつつあるという自覚を持ったほうがいいだろう。

158

日本は「老人資本主義」、「老人民主主義」

政治家は「貧しい人のために」「お年寄りに対する社会保障だから」などと言い、若者に「ああそうか、所得税や年金が高くてしんどいなんて、おれたち悪いこと言ってるのかな」と思わせておいて、実は自分たちの人気を図ろうとしているだけのことなのだ。

高齢者たちは、すごい票田《ひょうでん》である。選挙のためには、政治家はお年寄りに嫌われることをしたくない。今ですら、40歳以上の人口のほうが、過半数になってしまっているのだ。おそらく45、46歳くらいが分岐点になっていて、どんどん高齢人口は増えていっている。現在の日本は「老人資本主義」であり、「老人民主主義」であると思う。老人のための政治になってしまっているのだ。

159

一億総マゾ状態

今、日本全国にすごく自粛ムードが漂っているじゃないですか。（大化の改新後）1400年来のシステムに組み込まれた教育制度の中で「みんなで苦しみを共有しよう」「みんなで我慢しよう」というマゾっぽい思想が国民に刷り込まれているのがよく出ていると思うんです。どんなに日本が時代遅れになって苦しくなっても、意外とみんな我慢しちゃうんじゃないか、という気もするんです。一億総マゾ状態。

貧乏な国になってもみんな耐えてしまうんじゃないか、と。福島第一原発の事故後、原子力発電の賛否が問われているなかで、原発をすべてなくして昭和30年代の生活レベルでみんな暮らせばいい、って真剣に言う人もいっぱいいるじゃないですか。

160

伝統的な価値観に騙されるな

現在の社会保障や税金、税負担などは、高齢者優遇政策になっているのだ。古い道徳などを持ち出して説得しようとする姿勢には、若い人は気をつけなければならない。世代間の対立と言ってもいいだろう。伝統的な価値観などと言って、おっさんたちは、結構若い者を騙しにかかっている。気をつけよ、騙されてはいけない。

161

世間的な価値はいくらでも変わる

昔だったら、電通のような会社が、それこそトップにいたわけです。今では女子アナの誰かが電通勤務の男性と結婚して、「久しぶりに電通、頑張ったよね」なんて言われる有様。もうまったくステータスではなくなっている。

さらに言えば、ライブドアが上位だった時代だってあったのです。さぞかしあの当時は、社員たちもモテていたのでしょう。

そんなふうに世間的な価値観なんて、いくらでも変わるのです。

世間の風潮に従って、「こうなれば自分が幸せになれるだろう」なんて考えていたって、仕方がないのです。

第8章　納得いかなきゃ闘い抜け

162

納得いかなきゃ闘い抜け

納得のいかないことに対しては徹底的に、最後まで闘い抜くという私の姿勢を崩したくはない。ここで自分のスタンスを変えるのは生き方として良くないと感じている。

163

今までやったことのないことをするのは、バンジージャンプと同じ

バンジージャンプをするのに、特別な能力など何一つ必要ない。ロープを巻いて、ただ飛び降りるだけだ。それなのに、恐怖で泣き出してしまう。過去のトラウマだかプライドだか知らないが、せっかくのチャンスを前に、尻込みするなんて、理解できない。

164

打席に出ることが大事

失敗をしないために打席数を少なくして打率を上げるのではなくて、打率は低いけど打席に多く立っていたほうが絶対にいい。

165

目標は短期間で成し遂げる

大切なのは、その目標をできるだけ短期間で成し遂げることです。社会が目まぐるしい速さで変化する今、数年後に社会情勢がどう変わっているかは誰にも予測不能です。だからボクは1、2年先の目標しか立てません。

166

アイデアよりも実行力を

アイデアよりも圧倒的に大事なのは実行力だ。

思いつきより、考えたことを努力して、形にした人が本当に評価されるのだ。

この国では、最初の一歩を踏み出した人が賞賛される向きがあるけれど、本当の未来を切り拓くのは、アイデアを体系化できる能力を持った人だろう。

167

まずは先を走る者を追い抜こう

目標となる地点というのは、そのつど定めたほうがいい。目標がないまま大きいことを目指しても、自分がどこまで到達しているのかがわからないので、仮想敵のようなライバルを持つべきだ。

今、自分のいるポジションに対して、その先を走っている人は必ずいる。そいつを抜くことをまず目指せば、モチベーションともなるし、伸びやすくもなる。

168

軽い手抜きで後悔する人は多い

【浅漬けから０１５７感染、死者6名】

正直なところ「食品とかを扱う会社は怖くて経営したくないな」って思う。これと同じような考えを持つ人が増えるんじゃないかな。

特売により、量が必要となり、消毒用の塩素を半分しか入れられなかったのが原因らしいが、意図的というより現場の手抜きみたいなもんだな。これをやっていた人たちは軽い気持ちだったんだろう。今回のことでムショに入ることはないと思うけど、一生針のむしろだよね。刑務所にいるとそんな人生の〝軽い手抜き〟で後悔している人をよく見かける。

169

勝負で引くのはアホらしい

僕らはフジテレビからさらに440億円もらいました。これがいけなかった。結果的には「無条件降伏しろ。フジテレビからカネをとるな。買った値段で売りもどせばすべて解決する」という正木烝司《じょうじ》さんの言い分が正しかった。僕はそのアドバイスを聞かなかった。孫（正義）さんは誰かのアドバイスを聞いた。たぶんその違いでしょう。今思えば、まあそれが失敗ですけど、でもそこで引けないでしょ。一生に何度かしかない勝負で引いたら、アホらしいじゃないですか。

170

覚悟を決めた個人は国家より強い

個人というのは実は強いんです。それはもう、ベトナム戦争のベトコンの時代から明らかになっていたんじゃないかと思うんですよ。覚悟を決めた個人は国家よりも強い。それが今は科学技術の発達と情報の流通によってさらに強固なものになっている。

171

孤独と正面から向き合おう

孤独だから、寂しいからといって、他者やアルコールに救いを求めていたら、一生誰かに依存し続けることになる。この孤独は、僕が自分の責任で引き受けなければならないものなのだ。

今、なかなか一歩を踏み出せずにいる人は、孤独や寂しさへの耐性が足りないのではないだろうか。少しでも寂しくなったら、すぐに誰かを頼る。孤独を感じたら、誰かに泣きつく。そんなことでは、いつまでたっても自立することはできず、自分の頭で決断を下すこともできない。

172

バーディをとりたいなら、強めに打て

バーディをとりたいのなら、強めに打たないとダメだ。

もちろん、強く打ったからといって、必ずバーディがとれるとは限らない。外したら、みんな失敗だと思うだろう。

だが、ここでパットを外したことは失敗ではない。カップをボールが行きすぎたとしても、それによってラインがどうなっているのか大体見当をつけられる。だから、返し（オーバーしたところからカップに戻る）のパットでパーがとれるチャンスは高くなる。

「やる奴」というのは、常識には縛られず、オーバーすることを恐れずにパットを打つ。オーバーしてしまったら、その経験を元に打ち方を修正し、それをひたすら繰り返す。オーバーする経験の積み重ねがあって、はじめてバーディという成功を手に入れることができるのだ。

173

地面の下からでも壁は突破できる

元の妻子と会える機会を蹴ってみたり、たまに届くかわいい女の子からの誘いのメールにも一切応じず、わざと自分を孤独に追い込んだ。

孤独に耐えて、ひたすら耐えて——。

すると奇跡のように、苦しい心を突破できたのだ。

人生を下がって、どん底のさらに下まで、落下し続けると何かが見える。

突き抜けるのは、何も上だけではないのだ。

壁を突破するのは、地面の下からでも可能なのだ。

174

投資するならベンチャー企業

個人的にもっともおすすめするのは、ベンチャー企業への投資です。現在、僕がオーナーとなっているベンチャー企業でロケットエンジン開発などをはじめとする事業を行なっています。その会社から各種ベンチャー企業などへの投資をしています。

なぜこうした投資を行なっているのか。自分がよく知っている分野へのベンチャー投資がいちばんリターンが大きいことをよく知っているからです。

175

論破されるほうが悪い

格差とかを声高に叫んでいる人を見ると「なんなの？」って思うことがあるのね。で、ぐぅの音も出ないぐらい理論で返すと、「攻撃しやがって、このヤロー」みたいに思われる。でも、「それは論破されるあなたが悪いんでしょ」って思うの。論理に一貫性がないから論破されるわけであって、それは仕方がないんじゃないのかな、って思うんだけど、それは気持ちの面で嫌なだけなんだよね、きっと。

176

小さくても組織の長になれ

若者がこれまでのような高い給与水準を享受しようと思うならば、グローバルで通用するスキルを身につけるしか方法はありません。日本の大企業に就職したらOKなんて時代はとうの昔に終わっているのです。

今や大手企業も潰れる時代です。大きなドロ舟に乗って一生を過ごすか、それとも小さいけれども自分で舟を漕《こ》いで人生を送っていくのか。迷っているあなたに古い中国の諺《ことわざ》を贈ります。

「むしろ鶏口《けいこう》と為《な》るも牛後《ぎゅうご》と為る勿《なか》れ」

大きな組織につき従って軽んぜられるよりも、小さな組織の長となって重んぜられるほうが良いということです。

177

世界に伍するスキルを磨け

日本人は、これからは「日本人だから豊か」などという考え方は捨てて、世界の中の優れた人たちと伍して闘えるだけの戦闘力を身につけなければならない。

日本人であるがゆえの付加価値などはないと思って、自分自身のスキルを磨くしかないのである。

178

ライバルは多いほどいい

同じ土俵で話ができるライバルは、多いほどいいに決まっている。人間は切磋琢磨《せっさたく》ができる動物なのだから、ライバルがいればいるほど記録が良くなるものなのだ。

179

勝つためには相手を知る

僕は、ある程度大切な仕事で、初対面の人と会う場合、相手の名前が事前にわかっていれば、必ず事前にグーグルで検索することにしている。それはウィキペディアに載っているような著名人だけでなく、一般企業の勤め人相手だってそうだ。

このネット時代、メディアは著名人のものだけではなくなった。ごく普通の人物が、意外なところで活躍していたり、逆に悪評が立っていたりする。5分もかからない作業である。たったそれだけの事前情報で、会話はずいぶん楽しく弾むし、深入りするとまずい人物に対するリスク回避にもなる。

180

「自分がバカ」であることを知っている人は強い

「自分がバカ」であることを知っていれば、わからないことがあったら、なんの躊躇もなく人に聞くことができる。自分に知識がないことを恥じる変なプライドがないから、逆に利口な人を使ってすばやく動くことができる。

一方、中途半端に小利口な人間は、不得意なことまで全部自分で頑張ってやろうとしてしまう。しかし、利口な人の仕事には勝てないから、大変な思いをするだけで、あまり成果は上がらないという状況になる。

「自分がバカ」であることを知っている人は、強いのだ。

181

富は増え続けている

今、日本の社会には閉塞感があるという。その根底には、「限られたパイをみんなで食い合っている」という意識があるのではないか。それがそもそも、根底的な間違いなのではないかと思う。

「有史以来、お金の総量は同じである」と言う人がいる。限られたパイの「ゼロサムゲーム」だと思っているのだ。ところが、実は市場は、本当はすごく広がっている。有史以来、富は増え続けているのだ。広い意味でのテクノロジーのおかげである。

182

マスコミという危険な虎

「マスコミと検察はつながっている」と言う人がいる。

それは半ば当たっている。検察から流れてくる情報をろくに裏もとらずに流す御用マスコミもどうかと思うが、まあ、もちつもたれつの阿吽《あうん》の呼吸というやつである。我々を摘発したネタも、某マスコミから流れたというまことしやかな噂《うわさ》もある。だが、それを検証する術《すべ》は、私にはない。

ただ言えることは、マスコミは第四の権力なんかではないということだ。第四どころか、この情報化社会においては、いちばんの権力を持っている。権力というものについて無頓着だった私は、いわゆる虎の尾を踏んだのである。

183

未来が見えれば必ず勝てる

人より何倍も情報収集ができれば、必ず未来が見えてくる。未来が見えるようになれば、必ず勝てる。情報は、ものすごく大事である。おそらく、これからは激しい情報競争の時代になっていくだろう。

第9章　何も考えず、遊び尽くせ

184

何も考えず、遊び尽くせ

多くの人は、ビジネスチャンスにつなげる前に、好きなことをやめてしまう。親に止められたり、受験勉強に追われたり、理由はあるかもしれないが、そんなもの気にしないで、やり尽くせばいいのにと思う。

一方、儲《もう》けられるかもしれないと思って、遊びをはじめても意味はない。まず長続きしない。

徹底的に、好きなことを好きなだけ、何も考えず、遊び尽くすことだ。

そうすれば遊びの向こうにある、新しい何かを見つけられる。

185

何かにハマり切る体験をしよう

家族とか日常生活とか、頭からきれいさっぱりなくなるレベルまで、何かにハマり切る経験を、多くの人はしていないと思う。

日曜など休日に家族サービスを優先して、やりたいことをやらない人もいるけれど、私には理解できない。

あらゆるしがらみや人間関係を振り切ってでも、ハマってしまうぐらいじゃないと、本当の面白さは見えてこない。さらに言うなら、それぐらいハマれるものに、出合えていないのだ。

186

点をつなぎ合わせて線にしていく

興味の赴くままに好きなことにハマると、それが後から思いがけないものにつながるものだし。ハマっているときは、その知識がいずれ何かの役に立つとかは考えないし、そもそも将来を見据えて事前に何かにハマるなんてことは難しい。だから、興味のあることにハマりまくって、後からその点をつなぎ合わせて線にしていくだけなんだよね。

187

「何がしたいのかわからない」のは出来の悪い人

「何がやりたいのかわからない」というのは、迷っているのではなく、ただの出来が悪い人だ。自分探しは会社ではなく、他の場所ですませてから来てほしい。

188

すべては「ノリの良さ」からはじまる

僕はこの「チャンスに飛びつく力」のことを、向上心とか目的意識とか、そんな堅苦しい言葉で語りたくはない。もっとシンプルな、人としての「ノリの良さ」だと思っている。フットワークの軽さ、好奇心の強さ、そしてリスクを承知で飛び込んでいける小さな勇気。それらの総称が「ノリの良さ」だ。

小さな成功体験の前には、小さなチャレンジがある。

そして小さなチャレンジとは、「ノリの良さ」から生まれる。

ノリの悪い人は、人生の波にも乗れない。もちろん血肉となるような経験も得られず、自信にもつながっていかない。

シンプルに考えればいい。すべては「ノリの良さ」からはじまるのだ。

189

まず貯めるべきはお金ではなく、信用

起業するお金がなく、銀行も貸してくれないというのなら、親や友人から借りればいいだろう。それができない人は、お金ではなく信用が足りないということなのだ。

だから、まず貯めるべきはお金ではなく、信用ということになる。人から何か頼まれたら、期待に応えるように尽くす。金欠の知り合いに、飯をおごる。そうした行為の積み重ねが信用を築いていく（しかも、そもそも起業に関する金銭的ハードルは、今では大分下がっている！）。

190

信用を生む「心の中の打ち出の小槌」

その人が持っているキャラクターやイメージ、人脈、ノウハウというのが、まさに企業でいうところの無形固定資産に相当する。

これを私は「心の中の打ち出の小槌」と呼んでいる。

物語に登場する打ち出の小槌は、好きなものを無尽蔵に生み出してくれるが、こちらは信用をどんどん創造してくれる打ち出の小槌である。

191

相手に尽くす

僕は、どんなときも「相手に尽くす」ことが重要だと思っているが、それは「馴れ合い」とは違う。馴れ合うために与えるのではなく、目的を持った者同士が目的を達成するために与え合うのだ。

誰かに寄りかかるのではなく、自分の足できちんと立つ。そういう人同士が、目的のためにつながる。ベタベタしない、少しドライな関係が僕にとっては気持ちがいい。

192

必要なのは「友達」よりも「同志」

友情や絆がなくても、面白いことをシェアし合える同志がいれば充分だと思う。
私はあまり友達という存在を必要としていない。
友達になれる人（それはそれでいいけれど）以上に、進化していく人が好きだ。
新しいことを吸収して、どんどん前に行く人と一緒にいたい。

193

自信を持って自分の力を伝えろ

相手からの信用を勝ち取るためには、自信を持って自分の能力を伝えなければならない。そうしなければ、その価値を認めてはもらえないのである。

たとえば、あなたが誰かに大きな仕事を依頼されても、自信がないので「こんな仕事、私なんかにはとてもできません」などと言っていたら、信用につながらないことは、誰の目にも明らかだ。

とにかく自信をつけることが大事なのだ。

194

勉強とは「説得のツール」

子どもとは、大人の都合によっていくらでも振り回される、無力な存在だ。しかし、勉強という建前さえ掲げておけば、大抵のわがままは通る。八女《やめ》から久留米《くるめ》の街に出ることも、柔道の道場を休むことも、パソコンを購入することも、そして上京することも。あのどん詰まりの環境から抜け出すには、勉強するしかなかった。誰の目にも明らかな結果を残すしかなかった。

だから僕は、受験勉強が無駄だとはまったく思わない。

無駄に終わる知識はあるかもしれないが、周囲の大人を説得し、自分で自分の道を切り拓く最強のツールは、勉強なのだ。

195

情報は、ただ浴びればいい

「そんなにたくさんの情報を取り入れたら、頭がパンクしませんか?」と聞かれることもある。ここに多くの人の誤解がある。個々の情報は記憶するのではなく、浴びればいいのだ。情報は取り入れたら、そのまま忘れてしまって構わないのだ。それでは、情報を取り入れる意味がないかもしれないと思われるだろうが、本人が忘れたつもりでも重要な情報は脳の片隅にちゃんと残っている。大切なことだけが、ちゃんと残るものなのだ。

大量の情報を、脳という引き出しにいったん全部詰め込む。そうすれば、何かのきっかけで引き出しの中の情報と情報がぱっとつながって、新しいアイデアが生まれる。起業のアイデアなど、頭をひねって考えるようなものではない。情報のシャワーさえ常日頃、浴びるようにしていれば、アイデアはいくらでも湧いてくる。思考法などというご大層なものもない。ただ、情報をつなぎ合わせていくだけだ。

196

インターネットを使い倒して、教養を高めよう

あらゆるツールがそろった時代に、求められるのは古い常識や、慎重さではない。「何を検索するか」「何を知るか」――その「何を」を察知するセンスだ。そのセンスを磨くには、自ら動き出し、インターネットを使い倒して、教養を高めるのがいちばんだ。

197

情報を知る者は未来が見える

どうすれば未来を予測できるのか。

未来には、「絶対的未来」と「相対的未来」がある。「絶対的未来」というのは、誰にでも共通する時間としての未来である。「1日たったら明日になる」というごく単純な未来だ。「相対的未来」とは、「明日になったら何が起こるかを知っている」という未来なのだ。

情報を持たない大多数の人にとっては、未来といっても思い浮かべるのは、現在か過去の内容でしかない。想像ができないからだ。

しかし、多くの情報を持っている者にとっては、まだ現実に今は存在していなくとも、「近い将来必ず起こる現象が見える」のだ。想像ではなく、確実に起こることとしてである。

198

先人の失敗に学べ

失敗ばかり繰り返していたら、余計な時間もかかってしまうわけだから、自分が失敗しないためにも、過去に失敗した人たちのことを調べるということも大切だ。

本当に月並みな話になるが、先人に学ぶというのは大事なことなのである。

調べてみると、歴史上の人物の失敗例なんて山ほど出てくる。昔の人たちは、本当にいろいろな失敗を積み重ねてきている。そうした失敗を自分がしないためにも歴史を学ぶのだ。

199

人と違ってこそ道は開ける

そういうワケでボクは起業をしましたし、その選択は間違っていなかったと思います。就職する生き方が当たり前とされる社会で、その〝普通〟から逸脱することは子どもの頃から受けていた教育に真っ向から反することです。多くの人はその選択肢をとれないとは思いますが、「人の行く裏に道あり花の山」という格言の通り、人と違ったことをするからこそ道は開けるのです。

200

天才がのびのび育つ場を

技術を革新する力を持った天才たちって、いびつなヤツらが多いので、画一的な小学校とかの教育の中で、いじめられたりしている。本当にいじめられて死んじゃったりしているんです。

それって国家的な大損失だから、彼らがのびのびと学習できる場をつくるべきですよ。

201

経験とは、時間が与えてくれるものではない

だらだらと無駄な時間を過ごしたところで、なんの経験も得られない。

何かを待つのではなく、自らが小さな勇気を振り絞り、自らの意思で一歩前に踏み出すこと。経験とは、経過した時間ではなく、自らが足を踏み出した歩数によってカウントされていくのである。

202

今、この瞬間に集中する

23歳で起業して以来、僕に暇な時間は皆無だった。

どんな人にも時間だけは平等に与えられている。時間当たりの作業効率と判断のスピードを極限まで上げていかなければ、僕のやりたいことは到底実現できなかった。そしてそこでの基本は、今現在目の前にある案件にありったけの集中力を動員すること。今書いているメール、今話している相手、今見ているニュース、今考えているビジネスプラン。とにかく今、この瞬間に集中するのだ。

203

日本に大統領制を

田原　明治維新も敗戦も、僕は一つの革命だったと思う。次はどんな革命かな？

堀江　僕は、大統領制だと思います。さまざまな改革を実現していくには、強力なリーダーシップが必要なので。地方首長は大統領型じゃないですか。でも、戦後の日本国総理大臣のほとんどは、リーダーシップがない。議員内閣制ってリーダーシップを発揮できないシステムになってるからですね。だから、大統領制の仕組みを取り入れたらいいじゃないかと、僕は思うんです。

※田原……田原総一朗氏

204

誰もやらないから私がやる

私は人類の未来の希望のために宇宙開発事業に投資している。
誰もやらないから、私がやるのだ。

205

ロケットも大量生産

私が宇宙開発をしようと考えた理由は、もう一つある。宇宙へ行くための価格を抑えれば、もっと多くの人が行けるようになるのではないかと思うのだ。

技術的には、宇宙に行くのはそれほど難しいことではない。特に有人で宇宙に行こうとするなら、実のところお金さえ払えば誰でも行けるのである。ただ、それが少しばかり高すぎるだけの話なのだ。それなら、宇宙へ行く価格を安くすればいい。

ロケットだって工業製品だ。価格を安くするには、大量生産すればよい。工業製品を大量生産すれば安くなる、というのはごく当たり前の話である。

206

技術スターを生む環境づくりを

自然に競争力のない企業が淘汰されつつあるのだから、そこは目をつぶって、これからの日本を支えていく新しい産業にお金を投資していくべきだろう。ＩＴ・バイオテクノロジー・ライフサイエンス・環境分野などがそうである。ところが、その現場で働く人間の供給が追いついていかない。これは間違いなく教育の問題である。

日本には、技術者がスターになれる環境がなく、あこがれの職業になっていない。優れた技術者を生み出すような、技術者の資質を持っている子どもを伸ばす教育が必要である。そうして、技術者が社会から賞賛されるような社会システムをつくり、彼らが活躍できて注目されるような社会づくりが求められている。

207

若者よ、豪語せよ

本来なら30代ぐらいで「あと5年で総理大臣になるプランを、細かく立てています」と、豪語する者がいてもおかしくない。というか、いないとおかしいと思うのだが。ほとんどが60歳過ぎまで議員を大過なく続けて、うまいこと大臣クラスのイスが上から下りてくるのを、指をくわえて待っている。

出典

『お金はいつも正しい』双葉文庫
031, 045, 046, 047, 060, 079, 091, 092, 106, 109, 125, 126, 144, 145, 153, 165, 174, 176, 199

『君がオヤジになる前に』徳間書店
024, 028, 032, 033, 050, 056, 070, 099, 107, 128, 149, 166, 173, 179, 187, 207

『君はどこにでも行ける』徳間書店
034, 084

『嫌われ者の流儀』小学館
076, 082, 129, 147, 150, 159, 170

『嫌われることを恐れない突破力！』アスコム
042, 049, 087, 102, 115, 132, 169, 200, 203

『人生論』ロングセラーズ
023, 026, 038, 039, 048, 061, 062, 086, 101, 111, 124, 133, 146, 148, 155, 156, 158, 160, 177, 181, 183, 197, 205, 206

『ゼロ なにもない自分に小さなイチを足していく』ダイヤモンド社
029, 051, 059, 064, 072, 078, 089, 093, 113, 119, 171, 188, 194, 201

『0311再起動』徳間書店
037, 118

『徹底抗戦』集英社文庫
162, 182

『堀江貴文という生き方』宝島社
019, 020, 030, 040, 041, 044, 063, 068, 095, 114, 116, 137, 164, 184, 185, 186, 192, 196

『ホリエモンの恋愛講座
"本物のお金持ち"と結婚するルール』
大和出版
054, 080, 103, 104, 161

『ホリエモン×ひろゆき
語りつくした本音の12時間
「なんかヘンだよね…」』集英社
036, 058, 077, 088, 110, 143, 151, 154, 175

『本音で生きる』SB新書
018, 053, 065, 066, 067, 074, 075, 105, 130, 134, 163, 172, 180, 189, 191, 195

メールマガジン
035, 052, 085, 127, 131, 152, 157, 168

『夢をかなえる「打ち出の小槌」』
青志社
017, 021, 022, 025, 027, 055, 057, 069, 100, 112, 117, 121, 122, 123, 135, 136, 138, 141, 142, 167, 178, 190, 193, 198, 204

『我が闘争』幻冬舎
043, 071, 073, 081, 090, 094, 108, 139, 202

HORIEMON.COM
083, 096, 097, 098, 120, 140

※数字は掲載ページではなく、通し番号です。

堀江貴文
Takafumi Horie

1972年、福岡県八女市生まれ。実業家。SNS media & consulting 株式会社ファウンダー。現在は宇宙ロケット開発や、スマホアプリのプロデュースを手掛けるなど幅広く活動を展開。有料メールマガジン「堀江貴文のブログでは言えない話」は1万数千人の読者を持ち、2014年には会員制のオンラインサロン「堀江貴文イノベーション大学校（HIU）」をスタート。近著に『多動力』（幻冬舎）、『好きなことだけで生きていく。』（ポプラ社）、『10年後の仕事図鑑』（落合陽一氏との共著、SBクリエイティブ）などがある。

宝島社新書

仕事も人生も娯楽でいい
（しごともじんせいもごらくでいい）

2018年6月7日　第1刷発行
2023年12月22日　第4刷発行

著　者　堀江貴文
発行人　蓮見清一
発行所　株式会社　宝島社
〒102-8388 東京都千代田区一番町25番地
電話：営業　03(3234)4621
　　　編集　03(3239)0646
https://tkj.jp
印刷・製本：中央精版印刷株式会社

ISBN 978-4-8002-8451-8